从新手到高手

自媒体写作

从新手到高手

DeepSeek+豆包+文案+剧本+小说

陆敏 / 编著

清華大學出版社
北 京

内 容 简 介

本书围绕自媒体写作成长展开，主要介绍各种自媒体写作的方法，深入剖析各种自媒体写作成长的途径，助力新人快速入门自媒体写作并实现进阶。

全书共 8 章，语言通俗易懂。第 1 章介绍自媒体写作成长的方式，第 2 章介绍写作成长的底层逻辑以及写作常见的误区，第 3 章介绍公众号写作与成长，第 4 章介绍网文小说的写作及成长，第 5 章介绍短剧写作与成长以及短剧剧本写作，第 6 章介绍游戏剧本的创作及成长，第 7 章介绍各大短视频平台的文案写作技巧与成长，第 8 章介绍 AI 写作工具以及 AI 在写作中的实际运用。

本书不仅适合想要通过自媒体写作来成长的初学者，也适合想要提升自己写作能力的人士。

图书在版编目 (CIP) 数据

自媒体写作从新手到高手 : DeepSeek+ 豆包 + 文案 + 剧本 + 小说 / 陆敏编著 . 北京 : 清华大学出版社 , 2025. 8. -- (从新手到高手). -- ISBN 978-7-302-70108-8

Ⅰ. G206.2

中国国家版本馆 CIP 数据核字第 2025QG0911 号

责任编辑： 陈绿春
封面设计： 潘国文
版式设计： 方加青
责任校对： 胡伟民
责任印制： 丛怀宇

出版发行： 清华大学出版社

网　址： https://www.tup.com.cn，https://www.wqxuetang.com
地　址： 北京清华大学学研大厦 A 座　　**邮　编：** 100084
社 总 机： 010-83470000　　**邮　购：** 010-62786544
投稿与读者服务： 010-62776969，c-service@tup.tsinghua.edu.cn
质 量 反 馈： 010-62772015，zhiliang@tup.tsinghua.edu.cn

印 装 者： 三河市铭诚印务有限公司
经　销： 全国新华书店
开　本： 188mm×260mm　　**印　张：** 10.25　　**字　数：** 320 千字
版　次： 2025 年 10 月第 1 版　　**印　次：** 2025 年 10 月第 1 次印刷
定　价： 69.00 元

产品编号：106794-01

序

在当今数字化时代，信息的传播方式发生了翻天覆地的变化，而自媒体作为一种新兴的传播渠道，迅速崛起并且占据了重要的地位。

它以其独特的优势，成为人们获取信息、表达观点、分享生活的重要平台。

本书的创作，源于对自媒体写作独特魅力的深刻认识。自媒体写作绝非简单的文字堆砌，它是一种艺术，一种能够触动人心、引发共鸣的艺术，同时能让你在这个过程中赚取相应的收益。

在这本书中，我们将深入探讨自媒体写作的方方面面，包括但不限于公众号写作、小说写作、游戏剧本、短剧等。

公众号写作是自媒体写作的重要领域之一，公众号作为一种广泛传播的平台，具有庞大的读者群体。如何撰写吸引人的公众号文章，如何提高文章的阅读量和转发率，是每一位自媒体作者都需要思考的问题。

小说写作是自媒体写作中的另一个重要领域。小说以其丰富的情节、深刻的人物刻画和广阔的想象空间，吸引着众多读者。在自媒体时代，小说的传播方式也发生了变化，作者需要学会利用自媒体平台，写出优质的小说。

游戏剧本和短剧也是自媒体写作的新兴领域，随着游戏和短视频的兴起，游戏剧本和短剧的需求越来越大，作者需要掌握游戏剧本和短剧的写作技巧，创作出内容精彩的作品。

本书的每一章都精心设计，旨在为读者提供实用的写作技巧和深刻的见解。同时书中将通过具体的案例分析、实用的写作方法和丰富的经验分享，帮助读者提升写作技能。

例如，在公众号写作章节中，我们介绍如何选题、如何撰写标题、如何排版等实用技巧。在小说写作章节中，我们探讨如何构建情节、如何刻画人物、如何营造氛围等重要问题。在游戏剧本和短剧章节中，我们讲解如何设计剧情、如何编写对话、如何把握节奏等关键技巧。

本书的作者陆敏女士，在自媒体写作上有着非常深刻的见解。她本人就是一位自媒体写作的博主，写过小说、游戏剧本、广播剧等，丰富的创作经历赋予了她独特的视角和宝贵的经验。

她分享的内容具有很高的实用价值，能够为读者提供切实可行的建议和指导。

自媒体写作是一个充满挑战和机遇的领域，它为每一个有梦想、有才华的人提供了展示自己的平台。无论你是想成为一名专业的自媒体作者，还是仅想通过写作表达自己的想法和情感，这本书都将是你的良师益友。

畅销书《愿你安身立命，也能以梦为马》作者　-扉桐

前言

本书旨在为您揭开自媒体写作的变现密码，无论您是刚刚起步的新人，还是希望突破现有瓶颈的创作者，这本书都将为您提供一套清晰、实用、可复制的路径。

如果您希望有效提升写作能力、建立个人影响力，并通过创作获得实际收益，那么这本书正是为您而准备的。

基于多年写作与教学经验，我也总结几条建议给刚写作的新人：

1. 从您真正感兴趣的领域开始写，热爱才能坚持，真诚才能打动他人。
2. 完成比完美更重要，不要困在准备阶段，尽快动笔、持续发布，在不断反馈中优化内容。
3. 重视基础逻辑，理解平台规则、用户心理和内容节奏，这比追求文采更重要。
4. 保持学习与进步，写作行业不断变化，积极拥抱 AI 这样的新工具，它将是您的得力助手。

愿这本书陪伴您开始写作变现之路，写出您想要的未来。

本书的配套资源请扫描下面的二维码进行下载，如果有技术性问题，请扫描下面的技术支持二维码，联系相关人员进行解决。如果在配套资源下载过程中碰到问题，请联系陈老师，联系邮箱：chenlch@tup.tsinghua.edu.cn。

配套资源

技术支持

作者

2025 年 9 月

目录

第 1 章 什么是自媒体写作 / 001

1.1 靠写作逆袭人生 / 001

1.1.1 阿耐：神秘的女作家 / 001

1.1.2 年糕妈妈：公众号的传奇之旅 / 002

1.1.3 房琪：天花板级别文案 / 003

1.2 人人都可以复制的自媒体写作方式 / 004

1.2.1 自媒体写作的前景 / 004

1.2.2 自媒体写作的领域 / 005

1.3 自媒体写作的几点要素 / 006

1.3.1 明确目标受众 / 006

1.3.2 独特的观点和风格 / 008

1.3.3 优质的内容 / 009

第 2 章 写作成长的底层逻辑 / 010

2.1 如何策划选题 / 010

2.1.1 选题的重要性 / 010

2.1.2 发现选题的方法 / 013

2.1.3 爆款选题 5 大思路 / 016

2.2 写出好内容的技巧 / 019

2.2.1 经典的故事框架 / 019

2.2.2 开头的几大写法 / 021

2.2.3 难忘的结尾 / 022

2.3 写作常见的误区 / 022

2.3.1 缺乏明确的主题 / 022

2.3.2 故事情节过于平淡 / 022

2.3.3 单薄的人物形象 / 023

2.3.4 过度描述 / 023

2.3.5 突兀的情节发展 / 024

2.3.6 不合理的逻辑 / 024

2.3.7 没有营养的对话 / 024

2.3.8 忽视校对和修改 / 024

2.4 自媒体写作成长的 N 种方式 / 024

2.4.1 广告收入 / 024

2.4.2 会员付费 / 025

2.4.3 电商带货 / 025

2.4.4 打赏 / 025

2.4.5 授权转载 / 025

2.4.6 出书 / 025

2.4.7 写作培训 / 026

第 3 章 公众号写作与成长 / 027

3.1 她靠公众号年入百万——柠檬 / 027

3.2 公众号的定位 / 028

3.2.1 公众号的主要类型 / 028

3.2.2 准确定位的法则 / 033

3.3 公众号的构成要素 / 033

3.4 搭建框架的技巧 / 037

3.5 公众号具体内容的策划 / 041
3.5.1 标题的吸引力 / 041
3.5.2 图片的选择与运用 / 044
3.5.3 排版的要点 / 048
3.5.4 具体内容的呈现 / 049
3.5.5 链接的设置 / 051
3.6 内容的丰富与优化 / 053
3.7 公众号几大成长方式 / 056
3.7.1 广告收入 / 056
3.7.2 电商带货 / 057
3.7.3 知识付费 / 057
3.7.4 打赏 / 058

小说写作与成长 / 059
4.1 小说家的财富之路 / 059
4.2 小说成长的方式与特点 / 060
4.2.1 小说的几大成长路径 / 061
4.2.2 小说成长的关键因素 / 066
4.2.3 成长渠道的特点与周期 / 067
4.3 写小说之前的几大准备 / 068
4.3.1 分析市场 / 068
4.3.2 确定写作题材 / 069
4.3.3 拟定大纲 / 071
4.3.4 收集素材 / 072
4.4 写好女频网文小说的几大要素 / 073
4.4.1 读者定位 / 074
4.4.2 人物塑造 / 075
4.4.3 情感刻画 / 078
4.4.4 情节设置 / 080
4.5 写好男频网文小说的几大要素 / 081
4.5.1 强大主角 / 081
4.5.2 精彩剧情 / 081
4.5.3 热血冒险 / 082
4.6 爆火网文小说的三大法宝 / 084
4.6.1 让人眼前一亮的书名 / 084
4.6.2 独具特色的设定 / 085
4.6.3 核心的“爽感”体验 / 085
4.7 短篇小说的创作方法 / 087
4.7.1 短篇小说的特点 / 087
4.7.2 短篇小说怎么写 / 088
4.8 短篇小说的成长渠道 / 089

短剧写作与成长 / 090
5.1 什么是短剧 / 090
5.1.1 短剧的定义 / 090
5.1.2 短剧与其他剧种的区别 / 091
5.2 短剧剧本的基本构成要素 / 092
5.2.1 人物设定与角色性格 / 092
5.2.2 短剧情节设置 / 094
5.2.3 短剧剧本格式 / 095
5.3 短剧成长路径 / 096
5.3.1 短剧投稿平台推荐 / 096
5.3.2 投稿需要准备的资料 / 096

游戏剧本的创作 / 097
6.1 游戏玩法与机制 / 097
6.1.1 游戏类型与风格 / 097
6.1.2 游戏剧本的基本设置 / 099
6.2 游戏剧本的角色与世界设定 / 101
6.2.1 主要角色与设定 / 101
6.2.2 游戏剧本的世界背景 / 106
6.2.3 游戏剧本角色的能力与技能 / 108
6.3 故事情节 / 109
6.3.1 主线任务与目标 / 109

6.3.2 支线剧情与隐藏任务 / 110
6.3.3 剧情转折点与高潮 / 112
6.3.4 故事结局的多种可能性 / 113
6.4 游戏剧本的具体案例 / 114

短视频文案写作 / 116

7.1 短视频创作者的财富故事 / 116
7.2 抖音文案的 8 大写作技巧 / 116
7.2.1 简洁性 / 117
7.2.2 有效地传达关键信息 / 117
7.2.3 有趣幽默 / 118
7.2.4 情感共鸣与互动 / 119
7.2.5 突出亮点 / 121
7.2.6 制造悬念 / 121
7.2.7 引用流行文化或热梗 / 122
7.2.8 与音乐配合 / 123
7.3 抖音的成长路径 / 124
7.3.1 全民任务 / 124
7.3.2 成长任务 / 124
7.3.3 星图商单 / 124
7.3.4 中视频伙伴计划 / 125
7.3.5 创作者伙伴计划 / 125
7.3.6 直播 / 126
7.3.7 电商带货 / 126
7.3.8 团购带货 / 126
7.3.9 站外播放激励计划 / 127
7.4 小红书文案写作技巧与成长路径 / 127
7.4.1 小红书的文案写作技巧与要点 / 127
7.4.2 如何在小红书上吸引读者关注 / 130
7.4.3 小红书的成长方法 / 133
7.5 B 站文案特点与成长路径 / 134
7.5.1 B 站的受众与内容风格 / 134
7.5.2 创作适合 B 站的文案 / 136
7.5.3 B 站的成长方式 / 137

借助 AI 提高写作效率 / 140

8.1 AIGC 介绍 / 140
8.1.1 AIGC 的含义 / 140
8.1.2 AI 的使用注意事项 / 140
8.1.3 如何驯服 AI / 140
8.2 五款实用的 AI 工具介绍 / 141
8.2.1 DeepSeek / 141
8.2.2 ChatGPT / 142
8.2.3 文心一言 / 143
8.2.4 豆包 / 144
8.2.5 Kimi / 146
8.3 AI 的几大运用方法 / 147
8.3.1 查资料 / 148
8.3.2 润色 / 148
8.3.3 重点提炼 / 149
8.3.4 帮你写 / 150
8.3.5 写文章 / 151
8.3.6 写诗歌 / 152
8.3.7 活动策划方案 / 152
8.3.8 头脑风暴 / 154

第 1 章 ▶▶ 什么是自媒体写作

“

很多人对自媒体写作不是很了解，其实写作成长就是通过写作来获得经济收益，方式有很多种，例如在自媒体平台发布文章赚取稿费、出版书籍、写文案等。只要你的作品有足够的价值和吸引力，就能吸引读者或客户，从而实现成长。

”

1.1 靠写作逆袭人生

1.1.1 阿耐：神秘的女作家

说起阿耐，大家可能不太熟悉，但是说起影视剧《欢乐颂》《都挺好》《大江大河》《风吹半夏》，大家应该都看过。是的，阿耐就是这些影视作品的原创作者。

阿耐，中国当代女作家、编剧，她的账号如图 1-1 所示。

2004 年，她起初在文学论坛和博客上写一些网文小说，后来入驻晋江文学城，从此正式开启自己的写作道路。

2004—2006 年，她相继出版了《食荤者》《余生》《不得往生》等作品，在文学市场崭露头角。

2007 年，她开始在网站上连载《大江东去》，这部作品在市场上引起了热烈的反响，开启读者疯狂追读的模式。值得一提的是，此作品中的大部分事件来源于阿耐的职场经验和创作笔记，时间跨度长达 30 年，讲述国企改制、农民致富、个体户和小海归创业的故事。

2009 年，《大江东去》这部作品获得了中宣部第十一届精神文明建设“五个一工程”奖，这也是网络小说首次斩获国家级大奖。

图 1-1

阿耐本身也是一名常年置身于企业运营的女实业家，也正是她这种亲身经历，才会让她把小说里的人物刻画得惟妙惟肖，也让她获得了文学上的巨大成功。

1.1.2 年糕妈妈：公众号的传奇之旅

每一个当妈妈的人，应该都听说过年糕妈妈，她的账号如图 1-2 所示。在母婴领域，年糕妈妈可谓声名远扬。作为拥有超 4000 万粉丝的母婴大 V，她始终专注于为新手父母分享各类专业且有趣的育儿内容，因而成为了无数家庭的育儿导师。下面让我们一同探寻她成功的秘诀。

年糕妈妈
杭州智聪网络科技有限公司
浙江
浙大医学硕士李丹阳创办，全网 4000 万妈妈关注，陪伴中国妈妈更懂孩子更爱自己！
1472 篇原创内容
视频号: 年糕妈妈

图 1-2

年糕妈妈本名李丹阳，在没有开始公众号写作之前，她也是一名打工人，过着朝九晚五的生活，后因生孩子辞去了不喜欢的工作。

2014 年一次偶然的机会，她注册了“年糕妈妈”微信公众号，初衷就是想分享自己的育儿心得。但是没想到，两年的时间，她的粉丝量大增，一个无心插柳的举动彻底改变了她的生活。

李丹阳曾经在粉丝见面会上笑着说，把带娃变成工作其实是最令她快乐的事，也正是生孩子让她走上了人生巅峰。

“年糕妈妈”公众号之所以能够成功，关键在于其提供了优质内容。她的文章主题非常丰富，不仅包含宝宝的早期教育，还包含育儿各阶段的心理健康教育等，如图 1-3 所示。

以她分享的宝宝辅食制作文章为例，这些文章之所以受到众多妈妈的喜爱，主要原因在于其中详细的食谱和操作步骤。这些食谱通常经过精心设计，考虑了宝宝的营养需求和口味偏好，同时也注重食材的选择和搭配。操作步骤则详细易懂，让没有烹饪经验的妈妈也能轻松上手。

拥有了一批自己的铁粉之后，年糕妈妈将公众号上的内容编撰成书，如图 1-4 所示，此书一经发售，就被粉丝疯抢，在市场上广受好评。

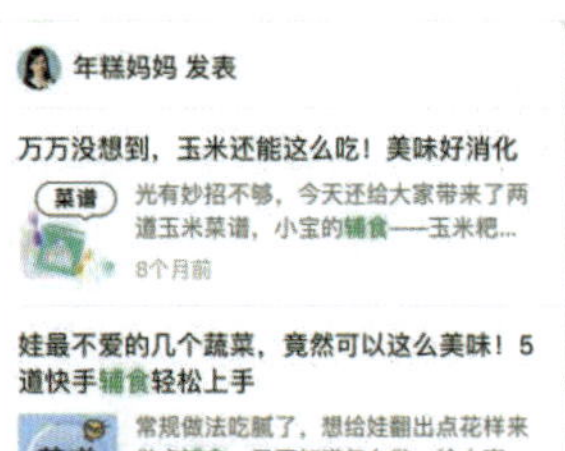

图 1-3

图 1-4

为了吸引更多的读者，年糕妈妈精心策划每一篇文章。她深入研究育儿领域的各种问题，从宝宝的营养健康到早期教育，从亲子关系到家庭和谐，她的文章内容丰富多样，涵盖育儿生活的方方面面。每一篇文章都像一份珍贵的礼物，给予妈妈们无尽的启发和帮助。

创建公众号之初，年糕妈妈就立下了一个目标：用温暖的文字和实用的育儿知识，陪伴每一位妈妈成长。

为了达成这个目标，她开始和粉丝建立强有力的互动。她认真回复每一条留言和评论，细心地解答粉丝的问题，当有粉丝遇到比较棘手的育儿问题时，她甚至会查阅资料，连夜帮粉丝解决问题。

除此之外，她还组织了线上线下的活动，如亲子读书会、妈妈分享会等，参与人数众多，这进一步增强了用户的黏性。

年糕妈妈还积极与其他育儿博主合作，互相推荐，共同分享育儿经验。她参与各种线上线下的活动，与妈妈们面对面交流，分享自己的心得体会。通过这些合作与交流，“年糕妈妈”公众号逐渐走进更多妈妈的视野。

年糕妈妈这一系列的操作，开创了属于自己的创新形式，也为公众号注入了新的活力。

在此之后，年糕妈妈还推出了更多的育儿知识，如图 1-5 所示，并按照不同的年龄段分类，详细讲述了孩子各成长阶段需要注意的细节，深受家长和孩子们的喜爱。

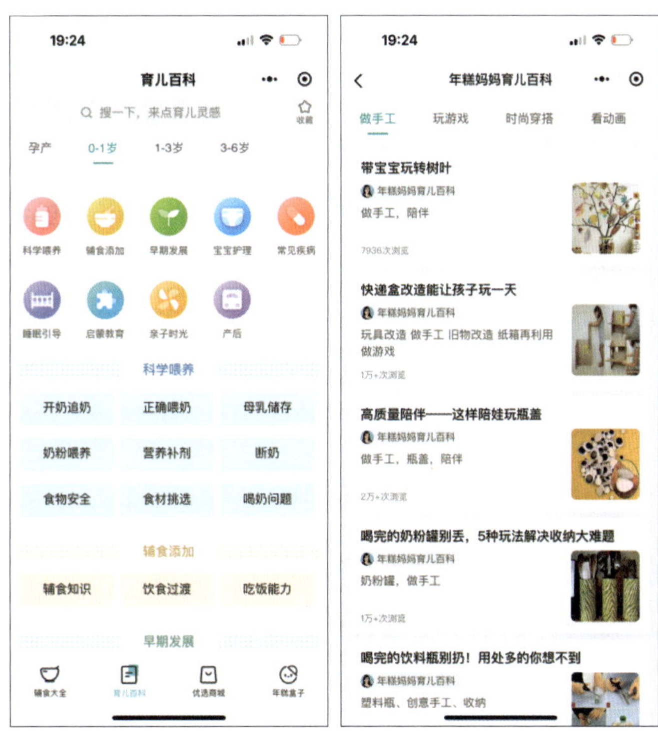

图 1-5

这些都充分证明了“年糕妈妈”公众号的成功并非偶然。她的经验告诉我们，只有用心经营，提供有价值的内容，与用户积极互动，不断创新，才能够在竞争激烈的市场中脱颖而出。

如今，“年糕妈妈”公众号已经成为育儿领域的知名品牌，拥有庞大的粉丝群体和广泛的影响力。

1.1.3 房琪：天花板级别文案

说起房琪，人们的脑海中往往会浮现出那句话——“我是房琪，不放弃”。房琪是短视频平台备受瞩目的旅游头部博主，以其独特的文案能力赢得了众多粉丝的心，其账号如图 1-6 所示。

房琪用她细腻的笔触和深刻的感悟，将旅行中的每一个瞬间都描绘得生动而鲜活。她的文案仿佛有一种魔力，能让人们沉浸其中，感受到旅行的美好与力量。

她的文案中，会引用非常多的诗句，例如她在介绍黄山时，就引用了徐霞客的诗句：“登黄山，天下无山。”

图 1-6

徐霞客的这句诗，是对黄山的最高赞誉，它将黄山的壮美与独特展现得淋漓尽致。房琪巧妙地借用这一诗句，让人们在听到的瞬间便能感受到黄山那无与伦比的魅力。

介绍河源市时，房琪在煮茶时就直接引用了白居易《山泉煎茶有怀》中的诗句：“坐酌泠泠水，看煎瑟瑟尘，无由持一碗，寄与爱茶人。”

这不仅展示出一种悠然自得的生活状态，也很好地结合了万绿湖的特色。这首诗还为整个文案增添了诗意，传递出房琪标志性的诗意生活韵味。

此外，她还运用比喻、拟人、排比等修辞手法，使文案充满诗意，让人感受到文字的魅力。

在介绍黄山时，她在文案中写道“黄山若有灵，定是位扬名四海的仗剑少年。”她将黄山形象地比喻成一个执剑走天涯的少年，那种洒脱不羁的感觉跃然纸上。

她介绍上海时，在文案的开头就写道：“上海的晴空总是羞怯。”这句话使用了拟人的修辞手法，将上海的晴空比作一个羞怯的人，形象地描绘了上海天空的特点。“羞怯”一词给人一种含蓄、内敛的感觉，可能暗示了上海的晴空在某些时候会被云层或其他天气条件掩盖，或者说上海的天气多变，晴空出现的时间相对较少。

她的文字不仅是对风景的描述，更是对生活的诠释、对梦想的追求。正是这种独特的魅力，让房琪在众多博主中脱颖而出，成为大家心目中的“文案女神”。

1.2 人人都可以复制的自媒体写作方式

看到这里，你肯定会有很多疑问。你可能会想：我也想写作，但是我应该写些什么？我该从哪里入手？我应该怎么去做？

但最大的一个疑问是：我也想通过自媒体写作来成长，我适合吗？

读懂下面这两点，人人都可以通过自媒体写作来成长。

1.2.1 自媒体写作的前景

随着互联网的迅速发展，自媒体写作已经成为了一种重要的信息传播方式和个人表达途径。在公众号创建初期就涌现出不少靠内容创业实现财富自由的人；随后又有 90 后创作者通过小说创作实现年入千万。

可以说，这些“新闻”不断充斥着我们的眼球，自媒体写作正在加速这些造富神话，它的前景一片光明。接下来，将从两方面给大家阐述。

首先，自媒体平台的用户数量不断增长，拿日常最常用的公众号来说，它的自媒体账号分布已经达到了63%，也就是说每10个微信用户，就有约6个人拥有自己的自媒体账号，这个比例相当高。

例如小红书平台。小红书现在已经成为一个新的自媒体平台，如图1-7所示。整体的用户日活已经达到了3亿，你可以在这个平台选择一个合适的身份，发布相关行业的笔记，只要你的笔记能够解决别人的问题，那么就会有人来关注你。

图1-7

基于以上数据，自媒体写作拥有着极为广阔的前景，现在不管是大公司还是小企业，都会专门聘请专业的人士来运营自己的自媒体平台，所以学好自媒体写作能让你获得收益的同时，还会让你拥有更多的机遇。有一份数据表明，到2025年，整个自媒体营销市场的规模将持续上涨，如图1-8所示。

图1-8

1.2.2 自媒体写作的领域

在自媒体平台，每一位创作者都是独一无二的，我们可以自由地表达自己的观点、展示自己的才华，通过输出独特的观点或者给出强有力的建议来吸引并积累大量的粉丝和读者。

也许很多人会有疑问：老师，我并没有特别大的优势，我能通过自媒体写作来成长吗？

其实，自媒体的奇妙之处就在于此。你只需要对一个行业稍微有一点点研究就可以通过写作来成长。

自媒体写作的领域非常广泛，涵盖了各行各业和兴趣爱好。无论是科技、旅游、时尚，还是健康、艺术、文学、育儿等，都有相应的自媒体空间。

这也就意味着作者可以根据自己的专业知识或个人兴趣，选择一个特定的领域进行深入挖掘和创作，形成自己的特色和品牌，这样就能快速触达你的粉丝群体。

给大家举个例子，如果你是一名月嫂，有丰富的育儿经验，就可以在自媒体平台分享自己的育儿经验；如果你是一名数学老师，就可以在自媒体平台分享自己解题思路；如果你是一位手工达人，也可以在自媒体平台，将自己的手工步骤进行详细拆解……

这是个人人都可自媒体的时代，每个人只要发现自己的闪光点，将其放大，都可以通过自媒体写作来成长。

但是在这个过程中，也有一些注意点，那就是随着自媒体行业的发展，也会面临更多的规范和监管。我们在写作的过程中，需要遵守相关的法律法规和平台规定，确保内容的合法性和合规性。

同时，自媒体领域也在不断变化和发展，我们在创作时需要保持学习和更新的态度，紧跟行业趋势，不断适应新的挑战和机遇。

1.3 自媒体写作的几点要素

1.3.1 明确目标受众

在开始写作之前，我们需要深入了解平台的调性，包括主题、风格、受众群体、成长方式等，如图 1-9 所示。

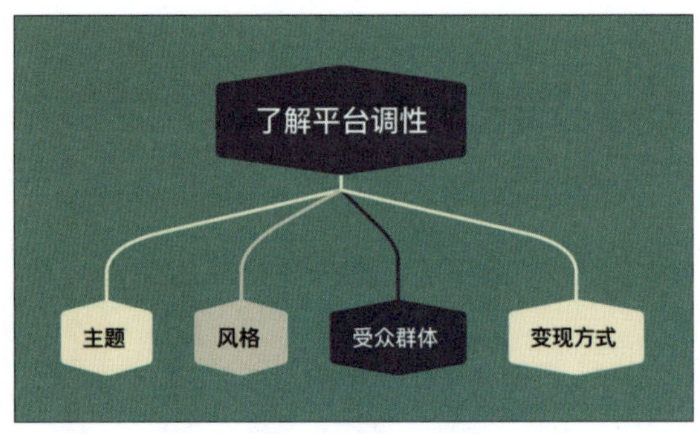

图 1-9

最重要的是，需要关注读者的需求和兴趣，你必须要思考他们喜欢什么样的内容，以及他们希望从文章中获得什么样的信息或价值，这样我们才能有针对性地去写作。

那么我们如何才能了解受众群体的喜好呢？其实不难，我们可以从以下几方面入手，如图 1-10 所示。

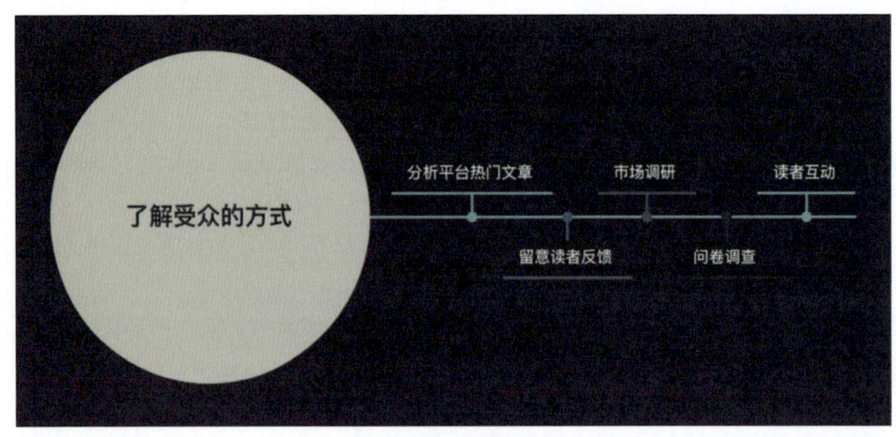

图 1-10

1. 分析平台热门文章

我们下笔写作时，绝不能盲目动笔。如果初期盲目创作，不仅可能导致内容无人问津，更会因赚不到钱而丧失信心。

那么正式下笔之前，我们应该先花一些时间去研究平台的热门文章，尤其是要花时间去研究那些大爆款的文章，这不仅能够帮助我们把握该平台当前的热点和趋势，更能够了解该平台观众的独特喜好。

这样我们去写文章时，针对这些读者去创作，至少能成功 80%。

2. 留意读者反馈

读者的评论和反馈其实是很多创作者最容易忽略的一点，但是也是相对而言比较容易获取有效信息的一点。

我们可以在一篇文章下面仔细去观看读者的评论和反馈，因为这些反馈是读者内心真实的情感反应，你可以在这些反馈里面看到读者真正想要的是什么，他们真正关心的是什么。

通过这些评论，你可以按照读者的喜好去创作满足他们需求的文章。

3. 市场调研

通过市场调研、问卷调查或与读者进行互动等方式，也能够更全面地了解受众的兴趣爱好、问题和期望。

4. 问卷调查

公众号写作最怕“自嗨”，问卷调查，就是你精准定位读者需求的雷达系统。它远不止是“喜欢什么主题”的简单投票，而是深度挖掘读者画像、痛点和兴趣的结构化工具。

我们可以从以下两个点入手：

①需求洞察：你准备的“干货”真的是读者所需要的吗？我们的准备的内容必须是那些读者真正在意，能切实解决他们的问题。

②开放式选题：能直接获取读者最关心的话题，比如：“您目前在领域里最大的困惑是什么”，你可以将调查结果汇总后，做成一个选题库，这样读者就会形成持续性的关注。

5. 读者互动

公众号是作者与读者共建的“精神部落”，高质量的读者互动，能极大提升粉丝粘性、忠诚度和传播力，是内容价值的放大器。

互动的原则主要遵循以下几个要点：

①价值优先：这个评论不是简单一句“谢谢认可”，而是能及时去解答读者的困惑。

②展现“人设”：互动是展示你专业度、亲和力、价值观的最佳窗口，你可以在评论区展示出你对这个行业的专业度，让前端读者更信任。

③化被动为主动：不要只等评论，文末抛出开放式问题、设置小悬念、邀请读者分享经验，提高互动率。

④建立规则：明确评论区规则，文明讨论，禁止广告，营造友好氛围。

真正了解读者的喜好之后，接下来，我们就可以根据他们的特点和需求来制定写作策略。

如果你研究出来你的目标受众是年轻人，那么我们就可以采用轻松幽默的语言风格，结合时下流行的元素和话题，吸引他们的注意力；如果目标受众是专业人士，我们则需要提供深入的行业知识和实用的建议，以满足他们对于专业信息的需求。

明确目标受众是写好自媒体文章的关键步骤，了解了前端读者的需求以及兴趣，我们创作出来的文章就更有针对性，这样就能大大提升文章在读者心中的影响力，也能让读者更容易记住你。

如图 1-11 所示的公众号——丁香园，受众主要是关注健康相关内容的人群，所以公众号的内容全部和健康内容相关。

创作者在写作的过程中，用简单易懂的语言给前端的读者普及了很多专业的医学知识，不少老百姓不仅学到了很多专业的医学术语，更是在这些文章当中学到了很多应急医学知识，这不仅增强了读者的黏性，更大大提高了每一篇文章的收藏率。

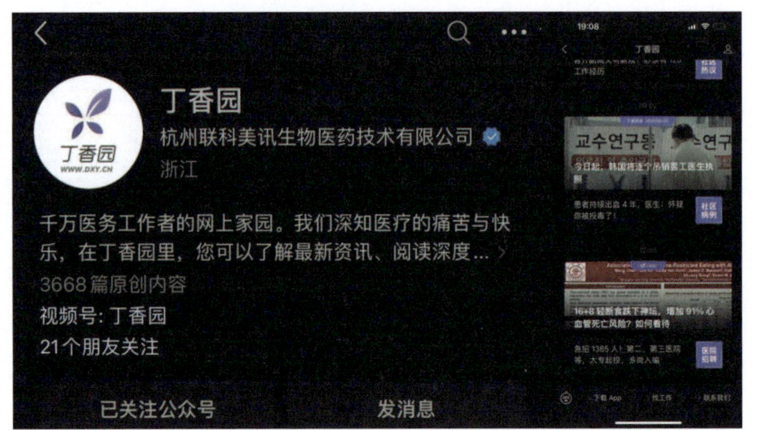

图 1-11

1.3.2 独特的观点和风格

在竞争激烈的自媒体写作领域，如果想要崭露头角，仅依靠传统的方式是远远不够的。培养出独特的观点和形成属于自己的风格是至关重要的，这样才能让你的粉丝在众多作品中一眼记住你。

那么如何才能形成自己独特的风格？

首先，通过对事物进行深入思考和分析，我们可以挖掘出与众不同的见解。这种独特性可以体现在对热门话题的独特看法、对常见现象的新颖解读，或者是提供不同寻常的解决方案。

图 1-12 所示的案例就是一个热点事件——巴黎奥运会。

中国快递小哥跑进巴黎？“奥运更开放”不是口号

原创 Que 新周刊 2024年07月09日 19:30

图 1-12

这篇文章讲述了 2024 年巴黎奥运会的一些亮点和特色，特别介绍了大众组马拉松比赛。

文章通过几个普通人的故事，展现了马拉松运动的魅力和影响力。例如，京东快递小哥栾玉帅，从一名普通快递员成长为能参加奥运会的马拉松选手，他的故事激励了很多人；还有北大法学院毕业生陈为芬，虽然已是两个孩子的妈妈，但依然坚持马拉松训练，展现了运动精神。

很多人点开标题，就会被“中国快递小哥跑进巴黎”这几个字吸引，这也是作者在众多的案例中提炼的独特的观点。

那么如何才能培养独特的观点？

首先，我们需要在日常生活中就保持敏锐的观察力和好奇心，不断拓宽自己的知识领域，接触各种不同的观点和思维模式，如图 1-13 所示。

其次，我们在写作时可以积极尝试不同的写作方式和主题，不断挑战自己，突破常规，探索新的领域和话题。当然，我们还可以将个人经历和感悟融入作品中，使其更具个性和真实感。

最后，还可以多与其他自媒体作者交流和互动。通过与他们分享经验、交流观点等从中获得新的启发和思路，不断丰富自己的创作风格。

记住，独特的观点和风格需要时间和实践的积累。不要害怕尝试和失败，勇于探索和创新。在不断努力的过程中，逐渐找到适合自己的表达方式，与读者建立起真正的连接。只有展现出独特的个性和价值，才能吸引更多的粉丝，并在自媒体领域取得更大的成功。

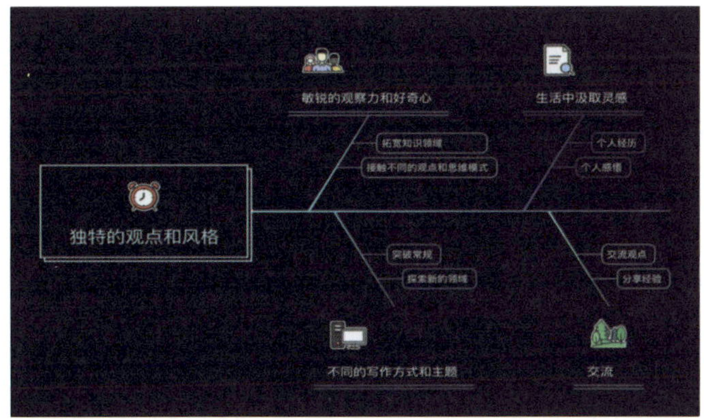

图 1-13

1.3.3 优质的内容

在自媒体写作中，内容是基石，是金字塔底层的基础。好的内容就如同美丽的风景，令读者流连忘返。提供有价值、有趣、有用的信息，将为你的自媒体之路铺就宽广的道路。

那么什么是有价值的内容？

它可以是实用的知识、专业的见解、独特的经验分享，或者是能够解决读者问题的方法和建议。总之，你的文章只要能够给读者带来实际的收获，让他们感到受益匪浅，就是有价值的。

给大家举一个例子，例如持续高温，你这时写了一篇《夏天降温防暑的几大妙招》，那就能极大地引起读者的共鸣；又如一个下班族，没有时间做晚饭，你这时，出一篇《10 分钟下班族快速解决晚餐》，只要读者跟着你文章的做饭步骤来，就能快速吃上晚饭，这就是非常实用的小技巧，读者就一定会收藏。

当然在写作的过程中，为了让内容变得有趣，吸引更多读者，你也可以适当地添加一些生动的语言、有趣的案例或幽默的元素，甚至写一个引人入胜的故事，这些都将使你的文章更具吸引力。

现在的读者不喜欢阅读呆板的内容，相比于严肃的内容，大家更喜欢在轻松愉悦的氛围下学到有用的知识。

最后，不断提升自己的专业知识和技能也是持续产出和创作优质内容的关键。持续学习和研究，不断深化自己在特定领域的了解，建立良好的内容创作习惯，保持定期更新，让读者知道你是一个可靠且持续提供有价值信息的自媒体作者。

图 1-14 所示为金融领域头部账号——36 氪，该账号每天都会更新金融方面优质的内容，并且每天早上 8 点左右准时更新，这样读者就会养成习惯，每天去阅读，大大增强了读者的黏性。

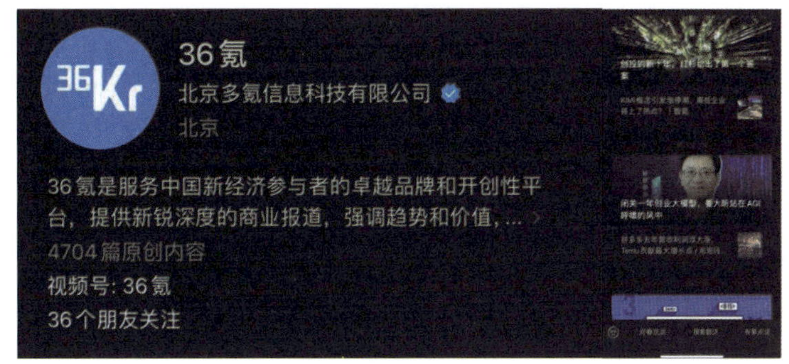

图 1-14

第 2 章 ▶▶ 写作成长的底层逻辑

“

写作成长的核心原理实际上并不复杂，关键在于创作出可以吸引他人关注的内容。

无论是公众号里聚焦孩子情商培养的实用干货，让家长愿意为知识付费；还是网络小说中充满趣味的剧情设定，使读者主动订阅打赏，本质上都是用优质内容激活用户付费意愿。本章将重点阐述如何创作出吸引他人的优质内容。

”

2.1 如何策划选题

选题是自媒体写作最重要的一环。一个好的选题，不仅能让读者快速记住，更能提升文章整体的点击量和阅读量。本节将重点介绍策划一个优质选题的方法和思路。

2.1.1 选题的重要性

首先，选题直接影响读者的关注度，好的选题是成功的一半。在信息爆炸的时代，读者面临着众多的选择。一个独特、新颖、有吸引力的选题能够迅速抓住读者的眼球，激发他们的阅读兴趣。通过选择一个与众不同的角度或切入点，你可以使自己的作品在众多同类内容中脱颖而出。

其次，选题决定了作品的价值和影响力。一个有深度、有意义的选题能够传递出作者的思想和观点，引发读者的思考和共鸣。这样的作品往往具有更长久的影响力，能够在读者心中留下深刻的印象，并可能对他们的观念和行为产生积极的影响。

此外，选题还影响着写作的难度和可行性。选择一个自己熟悉或感兴趣的领域作为选题，可以让作者更容易发挥自己的专业知识和经验，提高写作的质量和效率。

同时，我们在写作的过程中还需要考虑到选题的可行性，包括资料收集的难易程度、研究的可操作性等，也能够避免在写作过程中遇到不必要的困难。

那么究竟什么才是一个好的选题呢？

1. 选题要有前瞻性

一个优质的选题理应具备一定的前瞻性与适应性。在社会持续发展以及读者需求不断变化的大背景下，选题也需要做出相应的更新与调整。

具有前瞻性的选题不仅能够展现出作者敏锐的洞察力和深刻的思考能力，更能体现作者对社会发展趋势的精准把握以及对读者需求的深入了解。通过这样的选题，作者能够引领读者走进一个全新的知识领域，拓宽他们的视野，激发他们的思维。

例如，在科技领域，关于人工智能未来发展趋势的选题，能够让读者了解到这一领域的最新动态和发展方向；在经济领域，关于新经济模式对未来商业格局影响的选题，可以帮助读者更好地把握市场变化；在文化领域，探讨传统文化与现代社会融合的选题，能为读者提供新的视角和思考。

图 2-1 所示的选题聚焦大家最为关切的 AI 2.0 时代，文章阐明了当下 AI 乃是整个公司全新的增长业务核心所在。

这个选题促使读者更进一步地体悟到了 AI 所具备的力量，AI 作为当下热门话题，正逐渐渗透到各领域，改变着人们的生活方式和工作方式。通过这样的选题，读者可以深入了解 AI 2.0 时代的特点、发展趋势以及其对各行业的影响。

这不仅能够让读者对 AI 技术有更全面的认识，还能使他们明晰 AI 在公司增长业务中所扮演的关键角色。

此外，该选题还能引发读者对于 AI 技术的思考，例如，如何更好地利用 AI 实现业务增长，以及如何应对 AI 带来的挑战等。同时，它也为相关行业人士提供了有价值的参考，有助于他们把握市场趋势，制定更具前瞻性的发展策略。

图 2-1

2. 选题要有独特性

选题的独特性是为了确保作品能够在海量的作品中脱颖而出、有独创性，同时能够吸引读者的关注。

图 2-2 所示的选题巧妙地结合了当下最热门的现象，探讨了为什么年轻人开始爱上国货。作者在文中具体阐述了其中的原因，让读者对国货有了更深入的理解。

这篇文章回顾了中国美妆市场从 20 世纪 90 年代至今的发展历程，特别是国货美妆品牌的崛起。

文章指出，20 世纪 90 年代，外资品牌凭借成熟的商业模式和先进的经营理念在中国市场上占据了主导地位，国内品牌则处于夹缝中求生存的状态。然而，随着时间的推移，国货美妆品牌开始积极蜕变，通过自主研发和创新，逐渐赢得了市场份额和消费者的认可。

以卡姿兰为例，文章展示了一个国货品牌如何通过坚持自主研发、建立自己的生产线和研发中心，以及专注于产品质量和消费者需求，从而在市场上取得成功。卡姿兰的发展历程体现了国货美妆品牌从技术跟随到技术引领的转变，以及对国际品牌形成有力竞争的过程。

这标志着国货美妆品牌不仅在国内市场站稳脚跟，更有望在未来的国际舞台上发挥更大的影响力。

图 2-2

3. 选题要有适应性

适应性简单来说就是选题要能够适应不同读者的需求和兴趣。因为读者群体是多样化的，他们有着不同的背景、经历和兴趣爱好。只有选择具有适应性的选题，才能吸引更多的读者，让作品产生更广泛的影响力。

下面我们来看一个案例。

图 2-3 所示的“普通女孩如何养成爽文女主”这一选题，实则是给予当下女性一种积极而有力的鼓舞，激励她们活出自己心之所向的模样。

在这个充满机遇与挑战的时代，女性拥有了更多展现自我、实现梦想的机会。然而，现实中仍存在诸多限制与束缚，使得许多普通女孩在追求自己理想生活的道路上感到迷茫和无助。这个选题的出现恰似一束亮光，为她们照亮了前行的道路。

图 2-3

首先，它鼓励女性树立自信，相信自己的能力和价值。许多普通女孩常常低估自己，认为那些成功和辉煌只属于少数人。然而，这个选题提醒她们，每个人都有成长和进步的空间，只要相信自己，勇于追求，就能够实现自己的梦想。

其次，它提醒女性要勇敢地面对挑战和困难。成长的道路上不可能一帆风顺，必然会遇到各种挫折和困难。但是，只要保持坚定的信念，不断努力，就能够克服困难，走向成功。

这个选题还强调了自我成长和提升的重要性。成为爽文女主并非一朝一夕，需要不断地学习、积累和提升自己的能力。普通女孩可以通过阅读、学习新技能、拓展社交圈子等方式，不断丰富自己的内涵和外延。

“普通女孩如何养成爽文女主”这个选题，不仅是一个话题，更是一种力量，一种激励女性追求自我、实现梦想的力量。它让我们相信，每个普通女孩都有成为大女主的潜力，只要她们勇敢地迈出每一步，不断努力，就一定能够活出自己想要的模样。

再给大家看一个案例。

在当今社会，孩子的教育无疑是备受关注的热门话题。而“打开孩子格局，36 部纪录片”这一选题，吸引着每一位关心孩子成长的家长的目光，如图 2-4 所示。

图 2-4

当家长第一眼看到这个选题时，内心便会被深深触动。因为它直接指向了当前家长们最为关切的问题——如何帮助孩子开拓视野、提升格局。这些纪录片就像是一把神奇的钥匙，能够开启孩子们认知世界的大门，让他们在精彩纷呈的影像世界中遨游。

观看完这些纪录片后，孩子们将收获颇丰。他们的眼界会得到极大的开阔，不再局限于眼前的一方天地。他们将能够领略到世界的广袤与多彩，感受到人类文明的博大精深。与此同时，孩子们的人生观和世界观也会在观看这些纪录片的过程中悄然发生改变。

他们会从不同的视角去审视世界，理解人生的意义与价值，从而塑造出更加积极向上、豁达宽广的人生态度。

由此可见，一个好的选题对于吸引受众的关注是何等重要。

下面将重点介绍如何挖掘一个优质的选题。

2.1.2 发现选题的方法

1. 挖掘个人兴趣

从自己的兴趣爱好、专业领域或个人经历出发，思考哪些方面可以作为选题。例如我是网文小说作家，我就以此为选题，给大家推荐很多可以提升写作效率的软件，并且都得到了上千的点赞，如图 2-5 所示。

图 2-5

我并不是写网文小说专业出身，而是从金融行业迈出脚步，偶然的一次机遇踏入了写网文小说的领域。对我而言，这是一次颇具挑战的转行，我怀揣着对创作的热爱和对新领域的敬畏之心，毅然决然地踏上了这条道路。

在这个过程中，我积累了丰富的经验和知识。我深知新手在踏入这个领域时可能会面临的困难和困惑，因此，我决定将自己所学到的一切进行精心的整理。

这个文案不仅是资料的堆积，更是我在踏入这个行业后，每一步遇到困难时，如何借助软件让自己更快地解决问题。

通过这个文案，新手们可以借鉴我的经验。他们能够了解到如何构建一个引人入胜的故事情节，如何塑造鲜活的角色，以及如何掌握节奏，让读者沉浸其中。我详细阐述了创作过程中的各种要点和注意事项，希望能够帮助新手们少走弯路。

2. 了解读者需求

进行自媒体写作时，必须十分清楚地了解自己的读者群体。只有当你的内容对读者真正有用时，你所创作出来的东西才会更具价值和意义。

图 2-6

只有深入了解读者的需求和兴趣，才能创作出与他们息息相关、能够满足他们实际需求的内容。

这样，你的创作才会更有针对性，更能引起读者的共鸣和关注，从而展现出更大的价值。

图 2-6 所示这位博主提到，她的粉丝表现出了非常强烈的愿望，希望她能够推出一期关于自学才艺的视频。鉴于此，她毫不犹豫地开始了全面的资料搜集工作。

为了满足粉丝的期待，她投入了大量的时间和精力，仔细筛选各种相关的信息，确保所收集到的资料具有权威性和实用性。

在写作的过程中，她充分运用了所搜集到的资料，将其融入视频内容中，并以通俗易懂的方式详细地讲解了自学才艺的方法和技巧。

最终，这部精心制作的视频发布后，迅速引起了广泛的关注。它不仅在社交媒体上爆火，还吸引了大量新的粉丝。

这个成功的案例充分证明了，了解读者的需求是一件非常重要的事情。

3. 关注热点话题

热点话题是自带热度的，有时候是非常容易出爆款的。2024 年小米重磅推出了自家的新能源车型，这一消息犹如一颗惊雷，瞬间传遍各角落。此款车型一经发布，便迅速登上了各大热搜排行榜，成为那个时段人们热议的焦点话题，引起了社会各界的广泛关注。

在这股热潮下，图 2-7 所示这位作者就选择了《深度体验小米 SU7 优点槽点全有 能接受就直接下单！》这个选题。他以独到的视角和详尽的笔触，对这款新能源汽车进行了全方位、多层次的详细介绍，深入地剖析了这款汽车的每一个细节，不仅展现了其诸多优势，如领先的动力技术、智能化的操控系统、时尚大气的外观造型等，还客观地指出了它可能存在的一些劣势，例如续航里程方面的局限性，以及内饰部分设计上的一些有待提升之处。

深度体验小米SU7 优点槽点全有 能接受就直接下单！

杨洲 30秒懂车 2024-05-01 18:01 北京

图 2-7

通过这样全面而深入的分析，这位作者为那些密切关注这款汽车的人们提供了最真诚、最中肯的建议。

下面重点介绍，如何合理地利用热点和自己的文章相结合。

追热点是自媒体写作的一把双刃剑，我们既要确保这个热点是与自己专业领域和受众群体相关，找到与热点的契合点，使选题既有话题性又有针对性，这样可以增加内容的可信度和吸引力，吸引更多目标读者的关注。但是如果是强行蹭热度，没有实质性的内容，就会适得其反。

我们在追逐热点的过程中，不仅要简单地报道热点事件，更需要深入挖掘热点背后的故事，通过这个热点，能够给读者留下深刻的思考，这样的选题才是有意义的。

短道速滑冠军王濛受邀参加了一场备受瞩目的演讲活动，主题为“向前一步”。

在演讲台上，王濛以真挚的情感和动人的言辞，深入地阐述了她母亲的故事，如图 2-8 所示。她的讲述仿佛打开了一道时光的大门，让人们一同走进了她成长的岁月。

她生动地描绘了母亲在她成长道路上所扮演的重要角色，母亲是她坚实的后盾，给予她无尽的支持与鼓励；母亲也是她的引路人，教会她坚持与奋斗的意义。

在场的听众们被她的故事所打动，报以热烈的掌声。而这位博主，凭借着对演讲内容的敏锐洞察力和精准把握，将王濛的演讲精心整理成了图文并茂的形式。同时，她也是第一个凭借此热点内容迅速爆火的博主。

令人惊喜的是，这个内容在社交媒体平台小红书上迅速传播开来，一度登上了热搜榜的第三位，如图 2-9 所示。这不仅证明了王濛故事的吸引力，也彰显了这位博主出色的热点捕捉能力。

但需要注意的是，热点具有时效性，过度依赖热点可能导致内容的短期效应。因此，在利用热点的同时，也要注重内容的质量和可持续性。建立自己的品牌和风格，提供有价值的长期内容，才能真正赢得读者的认可和信任。

另外，要保持客观和理性，在热点事件中，往往会有各种各样的声音和观点。作为作者，要保持客观的态度，进行充分的调研和分析，避免盲目跟风或情绪化表达。

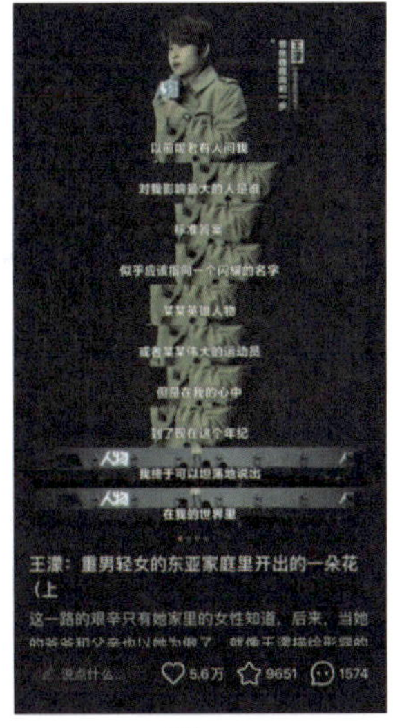

图 2-8

图 2-9

4. 反思维度

做选题时，我们要从常见的观点或问题中寻找反方向的思考角度，提出不同的看法和解决方案，创造出独特的选题。

2024 年河北邯郸校园霸凌事件犹如一颗巨石投入平静的湖面，激起了层层涟漪，引起了社会多方的广泛关注。在众多关注这一事件的声音中，图 2-10 所示博主的观点独树一帜。

图 2-10

在做这个选题时，她没有人云亦云，而是以独特的视角提出了不一样的看法——从心理学的角度去深入剖析这些孩子的内心世界。

她深入研究了霸凌者和被霸凌者的心理状态。对于霸凌者，她分析了他们可能存在的心理问题，如控制欲、自卑感、情绪不稳定等。这些因素可能导致他们通过霸凌他人来获得一种虚假的权力感和控制感。

而对于被霸凌者，她讨论了他们内心的恐惧、无助和自卑。这些孩子可能因为各种原因而成为霸凌的目标，他们的内心可能已经受到了极大的伤害。

为了更好地阐述自己的观点，这位博主还引用了一些心理学研究成果和实际案例。她的分析深入浅出，让人们对校园霸凌事件有了更深刻的理解。

最终，这篇视频凭借其独特的视角和深入的分析获得了极高的点赞量。观众们对博主的专业素养和深入洞察表示赞赏，也对校园霸凌问题有了更全面的认识。

5. 跨领域思考

面对同一个问题，我们要抛弃固有的思维，可以尝试将不同领域的知识和观点进行融合，挖掘出新颖的选题。这种跨领域的创新思维往往能够带来独特的视角和价值。

图 2-11

2024 年开年之际，电影《热辣滚烫》一经上映便迅速引发热潮，成为最为火爆的影片。众多博主纷纷对该片进行评述，绝大部分的人都将目光聚焦于女主角在剧中减肥过程的艰难。然而，图 2-11 所示这位博主却独辟蹊径，从心理学的角度全面剖析整部影片。

这位博主的独特视角令人眼前一亮，她并未止步于表面的情节，而是深入探究影片中角色的内心世界和情感变化。运用心理学的理论和方法，解读了电影女主角乐莹在不断成长中遇到的挑战。

此外，该博主还探讨了影片中的其他元素与心理学的关联，如角色之间的关系、情节的发展以及场景的设置等。通过这样的分析，博主为观众打开了一个全新的视角，使他们能够更全面地领略影片的内涵和价值。

以上列举了 5 个常见的选题方法，下面重点介绍如何追热点。

2.1.3 爆款选题 5 大思路

1. 深度挖掘痛点

挖掘痛点是自媒体写作里面常用的选题思路之一，在挖掘痛点之前，我们必须要知道到底什么是痛点。

给大家简单举几个例子，例如，一个人想要投资，但是不知道怎么去投资，这就是他的痛点；或者一位家长想要教孩子语文拼音，却不知道声、韵母等，这就是家长的痛点。明晰目标受众的需求与痛点，找到他们最为关切、备受困扰的问题，借由解决此类问题或帮助他们提供有价值的解决方案，你的文章就能迅速吸引别人的注意力。

肯定又有人会问，是不是各行各业都有痛点？答案是肯定的，任何行业的用户都会有痛点。

在气球派对行业中，用户最纠结的往往是价格，这是一个关键的痛点，因为价格直接影响消费者的决策。如图 2-12 所示这位博主——大柒的派对日记，直戳行业痛点，展现了其深刻的洞察力。

图 2-12

用户对价格的纠结并非单纯因为价格高低，而是涉及多个因素。他们会考虑性价比，担心付出的费用是否值得；会与其他竞品比较价格，以确保自己获得最佳选择。

这位博主深知这一点，因此给出了相应的解决方案。她建议商家提供透明的价格体系，让消费者清楚了解每个环节的费用构成。这样可以增加消费者的信任感，减少纠纷。

此外，这位博主还提倡气球派对商家应该提供多样化的套餐选择，以满足不同预算的客户需求，鼓励商家注重提供优质的服务和独特的体验，让消费者感到物有所值。

通过这样的解决方案，气球派对行业能够更好地满足消费者的需求，减少他们在价格方面的纠结。这不仅有助于提升客户满意度，还能增强行业的竞争力。

这位博主的观点切中了要害，更为解决气球派对行业的价格痛点提供了有价值的思路和建议。下面列举一些戳痛点的选题模板。

公式 1：为什么 XX，但 XX？

为什么学投资 10 年，但你还是亏损？

为什么按照“专家”来育儿，孩子却越来越叛逆？

公式 2：不知道 XX，一定要 XX。

不知道这些拍摄技巧，一定要学起来。

不知道这些写作方法，一定要收藏起来。

公式 3：XX 最新版本的 XX，你不会不知道吧。

全网最新销售技巧，你不会不知道吧。

最新大纲写作方法，你不会不知道吧。

2. 引发情感共鸣

引发情感共鸣的方法适用于 90% 的自媒体写作人，也许前面会有很多人说找不到行业的痛点，那么不妨来试试这个方法。

很多时候，我们去做一件事情，不管是好的还是坏的，都会有情感上的经历，我们只需要将自己的经历写出来，加上一些情感的刻画，就能快速引发读者的共鸣。

我们来看这个标题“5 年空姐转行直播，我后悔了”，如图 2-13 所示，这个选题就成功地引发了众多直播人的情感共鸣。

图 2-13

首先，直播行业的兴起吸引了大量的人投身其中。许多人看到了直播带来的潜在机会，渴望通过这个平台展示自己的才华，实现财富和声誉的增长。然而，现实往往不如想象中那般美好。

许多人虽然涉足了直播领域，却很难赚到钱。这可能是由于竞争激烈、市场饱和、缺乏独特的内容或营销策略等原因所致。读者往往能够从这个标题中找到自己的影子。

当他们看到这样的标题时，情不自禁地想要点开去看，是因为他们希望从这位五年空姐的经历中找到一些共鸣和启示，他们想知道为什么她会后悔，以及她在直播行业中遇到了哪些困难和挑战。

这样的选题之所以能成功，就是因为它触及了人们内心深处的情感和关注点。它让读者感到自己并不孤单，其他人也在经历着类似的挣扎和困惑，也让读者在这篇文章中找到了方法和解决的路径。

下面列举两个情感共鸣类选题的模板。

公式 1：人生第一次 XX，原来 XXX。

人生第一次直播，原来直播真的不是随便播一播。

人生第一次学游泳，原来这个技巧真的很重要。

公式 2：在 XXX 之后，我 XX 了。

在做博主之后，我后悔了。

在抢了低价飞机票之后，我竟然没有一丝喜悦。

3. 故事化展现

相对于中规中矩的选题，人们更喜爱听故事。将选题以生动有趣的故事形式加以呈现，能够更轻松地吸引读者注意力并留下深刻印象。

“260 亿，我把公司卖了”这样的选题犹如一幅神秘而引人入胜的画卷，展现在读者眼前，如图 2-14 所示。它不仅是一个简单的陈述，更是一个充满故事化场景的精彩开端。

图 2-14

当读者看到这样的内容时，他们的好奇心瞬间被激发。260亿，这是一个令人咋舌的巨额数字，如此庞大的金额与“卖公司”这个决定相结合，无疑构成了一个极具吸引力的情节。他们迫不及待地想要揭开这个故事的神秘面纱，一探究竟。

读者会想知道背后的原因和动机，是什么促使主人公做出了这样的决定？是出于战略考虑、经济压力，还是个人原因？他们渴望了解公司的发展历程、主人公的奋斗故事以及其中的曲折与挑战。

这个选题还营造出一种紧张刺激的氛围，让读者仿佛置身于一场商业大战的核心。他们想知道交易的细节、谈判的过程以及各方势力的角逐。读者期待着看到主人公在这个过程中所面临的压力、决策的艰难以及最终达成交易的智慧和勇气。

以下为故事化选题的模板。

公式：在 XXX 后，我终于 XXX。

在亏损 10 个亿之后，我终于认清了创业的本质。

在和孩子生气后，我终于知道了教育的本质。

4. 凸显实用性

在我们的日常生活中，很多人都会遇到难题，这时大家最想要的就是快速地得到一份实用的解决问题的方案。

给予实用的知识、技巧或建议，助力读者解决实际问题或提升生活品质，这样的选题会一下子吸引读者的目光，而且具备较强实用性的选题通常会受到读者的青睐。

当你的小孩学英语时，你是不是有一种感觉，为什么孩子读了，但就是学不会？然后你就开始不断地寻找解决问题的方法。

图 2-15 所示这位博主的内容恰恰给家长提供了最有效的意见。这篇内容详细介绍了四、五年级的孩子应该怎么刷 RAZ，才能让孩子实现弯道超车，并且给出了很实用的方法。这种有实用价值的内容，会让读者受益匪浅，读者自然而然就会点赞，收藏。

图 2-15

下面列举的个凸显实用性选题的公式。

公式一：当 XXX，我才 XXX。

当我学了奥数，我才发现原来我们 90% 的学习方法都是错误的。

当我学了做饭，我才知道原来这些技巧真的很实用。

公式二：如果我 XXX，该 XXX。

如果我在写作之前，刷到这些技巧该有多好。

如果我在学摄影之前，看到这篇文章该有多好。

5. 争议性话题选取

每个人都是一个独立的个体，他们对于同一件事情的看法不会持有相同的态度，如果你人云亦云，没有什么突出的特点，那很有可能你的文章就会被淹没。如果这个时候你另辟蹊径，选定一些存有争议性的话题，引发读者的讨论与辩论，说不定就会有意外的效果。

我们来看“为什么情绪不稳定的人，反而更容易幸福？”这个选题，如图 2-16 所示。

为什么情绪不稳定的人，反而更容易幸福？

壹心理 十点读书 2024-03-28 19:01 山东

2588人听过

图 2-16

这个选题确实极具争议性，它似乎违背了我们通常对于幸福的理解。一般来说，我们认为情绪稳定是实现幸福的重要因素之一。然而，这个选题却提出了一个全新的观点：情绪不稳定的人，反而更容易幸福。

这立刻勾起了读者极大的好奇心。毕竟，我们的传统观念中，情绪的稳定被视为心理健康和生活满意度的关键。那么，为什么情绪不稳定的人反而可能更容易幸福呢？

这个选题无疑激发了读者的思考，读者的第一反应是点击进去一探究竟，看看为什么这样的人更容易获得幸福？因为它打破了我们的固有认知，反而更加容易吸引别人的注意力。

大家可以参考几个这种选题的公式。

公式一：越 XXX，越 XXX。

房间越乱的孩子，未来越能成大事。

越是反应迟钝，你孩子的潜力就越大。

公式二：XX 而已，一切都 XXX。

40 岁而已，你的人生刚刚开始，一切都来得及。

选错工作方向而已，一切都不晚。

2.2 写出好内容的技巧

在信息爆炸的时代，如何创作出引人入胜、独具魅力的好内容，成为众多创作者不懈追求的目标。写出好内容并非一蹴而就，它需要掌握一定的技巧和方法。通过运用技巧能够将平凡的主题变得生动有趣，将复杂的概念以简单易懂的方式呈现给读者。无论是文章、故事、广告文案还是其他形式的内容创作，都能从中受益。

2.2.1 经典的故事框架

想要写出好内容，首先要有一个故事框架。一个经典的故事。包括 5 部分内容。

1. 开端

开端介绍故事的背景和主要人物。描述他们的生活环境、目标，或者他们面临的问题。

2. 发展

引入一些冲突或挑战，这些因素将推动故事的发展，这些冲突可能是外部的障碍、内部的矛盾，或者是与其他角色的矛盾等。

3. 高潮

高潮是整个故事的重点，故事中的紧张和激烈情节达到顶峰，同时，读者的情绪也到达顶点。高潮可以是一场关键的战斗、一个重大的决定，或者是一个意外的转折。

4. 解决

主角们需要面对并解决问题。这可能涉及他们的成长、改变，或者是找到一种解决方案来克服困难。

5. 结局

故事的收尾部分，可以是一个圆满的结局，也可以留下一些悬念或者为续集留下伏笔。

只要是自媒体写作，都可以将这 5 点运用到写作中。

下面深入解析图 2-17 所示这篇文章。

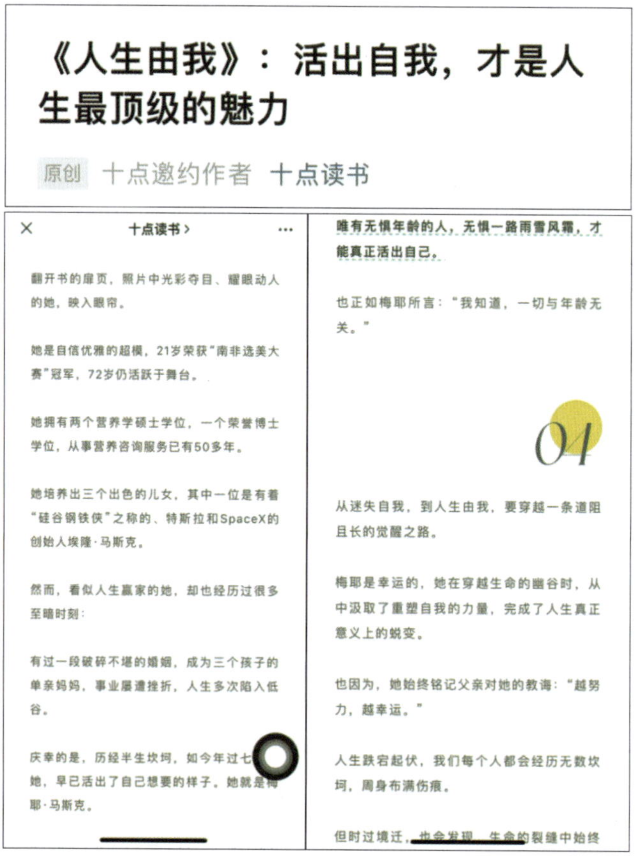

《人生由我》：活出自我，才是人生最顶级的魅力

原创 十点邀约作者 十点读书

× 十点读书 > ···

翻开书的扉页，照片中光彩夺目、耀眼动人的她，映入眼帘。

她是自信优雅的超模，21岁荣获“南非选美大赛”冠军，72岁仍活跃于舞台。

她拥有两个营养学硕士学位，一个荣誉博士学位，从事营养咨询服务已有50多年。

她培养出三个出色的儿女，其中一位是有着“硅谷钢铁侠”之称的、特斯拉和SpaceX的创始人埃隆·马斯克。

然而，看似人生赢家的她，却也经历过很多至暗时刻：

有过一段破碎不堪的婚姻，成为三个孩子的单亲妈妈，事业屡遭挫折，人生多次陷入低谷。

庆幸的是，历经半生坎坷，如今年过七……她，早已活出了自己想要的样子。她就是梅耶·马斯克。

唯有无惧年龄的人，无惧一路雨雪风霜，才能真正活出自己。

也正如梅耶所言：“我知道，一切与年龄无关。”

从迷失自我，到人生由我，要穿越一条道阻且长的觉醒之路。

梅耶是幸运的，她在穿越生命的幽谷时，从中汲取了重塑自我的力量，完成了人生真正意义上的蜕变。

也因为，她始终铭记父亲对她的教诲：“越努力，越幸运。”

人生跌宕起伏，我们每个人都会经历无数坎坷，周身布满伤痕。

但时过境迁，也会发现，生命的裂缝中始终

图 2-17

开篇：介绍了文章的女主人公——梅耶：她是自信优雅的超模，21 岁荣获“南非选美大赛”冠军，72 岁仍活跃于舞台。

简单几句话就给读者展示了一个完全不一样的主角形象。

发展：梅耶在不断地学习当中，拥有两个营养学硕士学位、一个荣誉博士学位，从事营养咨询服务已有 50 多年。她培养出三个出色的儿女，其中一位是有着“硅谷钢铁侠”之称的特斯拉和 spaceX 的创始人埃隆 • 马斯克。然而看似成功的她，却也经历过很多人生至暗的时刻。

读者看到这里，整个故事的发展发生了 180° 的大转变，读者的心也跟随着故事的主人公揪了起来，他们会迫不及待地想看到故事后续的发展。

高潮：经历失败的婚姻和多次事业的重创，梅耶成了一名自强不息的女战士。

这部分详细讲述了梅耶当时在婚姻以及事业上的至暗时刻，但是梅耶从来没有放弃。

解决：挣脱束缚，及时止损，重新找回真正的自我。

梅耶恢复自由身之后，因为要抚养三个孩子，所以考取了营养学研究生，营养咨询师的事业开始渐渐有了起色。45 岁的时候，再次跳出舒适区，通过努力自学，考取了美国的注册营养师。

结局：活出自己，人生永远没有太晚的开始。

文中最后，梅耶做了总结，她鼓励所有女孩子不要因为岁月的流逝而消极沮丧，也不要停止自我成长。

这种经典的文案结构，将梅耶这样一位伟大的女性形象具象化，同时也给了更多人鼓励。

下面介绍如何写出一个故事框架。

例如我们想写一个实习生进入一家公司，最终通过自己的努力成功转正的故事。

开端：主角小 A 大学毕业之后，成功进入了一家企业，成为一名实习生。

发展：小 A 在公司里面遇到了一些不懂的问题，做了一些错误的决定，导致自己的工作停滞不前。

高潮：小 A 开始重新投入学习，遇到不懂的问题积极向同事请教，在一次团队会议上，小 A 提出了一些独特的看法。

解决：小 A 的方案得到了领导的认可，同时他的同事也对他表示了赞赏。

结局：小 A 顺利转正了。

这就是一个完整的故事框架，只要大家把这个故事框架学会，就可以写出一个精彩的故事。

2.2.2 开头的几大写法

1. 设置悬念

一个好的开头是写文的关键，在开头设置悬念是我们的常用手法之一。

设置悬念不仅能增加文章的吸引力，让读者更深入地阅读，还能提升整体文章的趣味性和可读性，给读者留下深刻的印象。

那么我们如何设置悬念呢？

首先可以通过提出一个引人入胜的问题或展示一种奇怪的现象，让读者产生好奇心，想要了解更多。

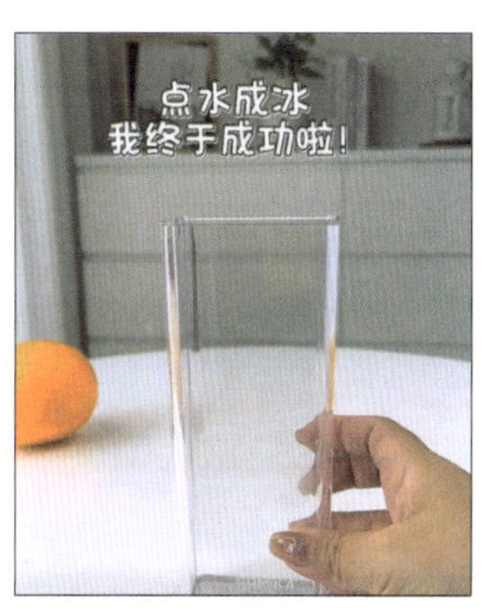

图 2-18

图 2-18 所示这篇文案的开头就说“点水成冰，我终于成功啦！”这一神奇而又“奇怪”的现象，如同魔法般瞬间吸引了大家的注意力。当大家看到晶莹剔透的冰晶在水中迅速凝结时，都不禁为之惊叹，好奇的目光纷纷聚焦于此。

作者作为这个奇妙现象的发现者和揭秘者，顺理成章地为大家解释其中的奥秘。其实，这背后蕴含着的科学原理是一种物质在特定条件下的相变过程。通过作者的讲解，大家不仅了解了点水成冰的神奇之处，还对科学知识有了更深入的认识。

2. 描述紧张场景

创造一个紧张、危险或紧急的情境，使读者立即投入故事中。

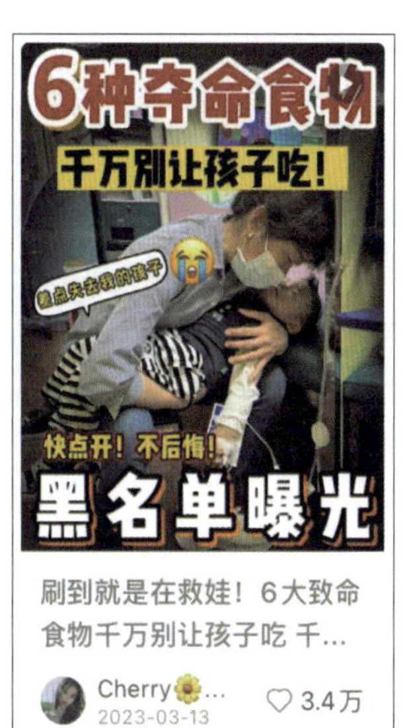

图 2-19

当看到图 2-19 所示的视频开头时，内心是否会猛然一惊？没错，这就是这篇文案的开头。接着，文案中继续写道“这几种食物千万千万不要再给小孩吃了”，紧张的氛围感一下子就上来了，也让前端的读者不得不重视起来，因为每一个孩子都是家庭的希望，是大家最珍视的宝贝。当读者意识到这些食物可能带来的风险时，他们怎能不紧张？怎能不担忧？

3. 引用名言或诗句

使用一句有力的名言或诗句来引出故事的主题，增加深度和吸引力。如果是描写生活，就可以这样开头“生活就像一盒巧克力，你永远不知道下一个是什么味道”。这是一句广为流传的名言，它简洁而深刻地表达了生活的多变性和不可预测性。

之前介绍过房琪，房琪的文案开头就善用诗句，使得整个文案的意境更强。

这里也需要说明，不管你的文案是介绍地方还是描写人，都可以用诗句来开头，这就要求作者必须熟读每一句诗词，并且了解其中的含义。

2.2.3 难忘的结尾

故事的结尾一般有多种写法，有圆满、悲剧、开放式以及悬念式的结局，下面仔细介绍。

1. 圆满结局

圆满结局是正常故事里常用的一种写法，我们可以给故事一个喜剧的结局。

2. 悲剧结局

悲剧结局也是很多故事里面的一种写法，这样写的目的就是让前端的读者意难平。通常而言，这种悲剧的结局，往往会让读者更加印象深刻。

3. 开放式结局

开放式结局通常会给前端的读者留下无限的遐想。

举例：

小A站在人生的十字路口，不知道如何做选择，她看着自己左手梦寐以求的博士录取通知书，又看看右手令自己心动的offer，她陷入了沉思。

4. 悬念式结局

悬念式结局就是不给观众任何明确的答案，然后让你自己去想。通常很多美剧也是用的这种写法。

举例：

当小A走到宽敞的马路上，忽然，一声巨响，小A眼前一黑……

2.3 写作常见的误区

作为一个新人，一开始写作时会遇到非常多的误区，下面详细讲解如何避免这些误区。

2.3.1 缺乏明确的主题

很多人一开始去写作时，故事没有明确的核心主题，导致读者难以理解作者的意图。在写作之前，应明确主题并确保故事的各元素都与主题紧密相关。通过强调主题，可以使故事更加聚焦和有意义。

举例：

三个方法，让你轻松学会英语。

一个技巧，让你快速学会写作。

以上这些都是给出了整篇文章明确的主题，这样读者就能一下子明白，你的整篇文章写的是什么。

2.3.2 故事情节过于平淡

自媒体写作最重要的是一定要激起前端读者的兴趣，如果你的情节过于平淡，缺乏起伏和冲突，那大概率是没有人看的。

为了避免这种情况，我们可以设计有趣的情节转折、增加紧张和冲突的元素，创造一些意外和挑战，让读者保持兴趣和紧张感。

我曾经给一名学生改文，这名学生整篇内容都是主角在机场很平淡的对话，这样读者阅读时，就觉得很没有营养。

正确的写法可以参照我之前写的故事框架：开头、发展、高潮、解决、结局。

我在修改时为故事注入了核心冲突：主角原计划赴国外参与重要学术研究，却突遇母亲重病住院、生命垂危的紧急情况，最终在机场面临亲情与理想的两难抉择。通过构建这种充满戏剧张力的矛盾场景，故事立刻具备了抓住读者注意力的情感支点，也让情节发展有了明确的推进动力。这样的故事情节一写出来，就能吸引读者的目光。

2.3.3 单薄的人物形象

自媒体写作中，人物是不可或缺的一部分。一个好的人物形象，会让读者记住很久；相反，一个比较单薄的人物形象，读者可能看了之后就会忘记。

那么如何才能避免这种问题的发生呢？

一定要将你的人物刻画到细致，例如这个人物的外貌、衣着、性格等，但是最重要的是我们还需要深入了解人物的背景、动机和性格特点，通过详细的描写，甚至可以加上对话来展现人物的复杂性，给予人物独特的个性和目标，使读者能够与他们产生共鸣。

例如前面我们提到的梅耶，这样一名杰出的女性形象，如果只是单纯地描写梅耶是成功女性的代表，并没有深入了解她的人生，那这样的一个形象，显然并不会给读者留下深刻的印象。

那篇文章写得一波三折，她在成功的路上遇到了不少困难，但是最终都是通过自己坚强的意志力一一去解决，这样的人物形象，就能让读者记住很久。

2.3.4 过度描述

过度描述是很多新手一开始在自媒体写作时都会犯的错误，他们在描写环境或人物时，过度使用形容词和描述性语言，使故事变得冗长和烦琐。

其实，读者看文的速度会非常快，你花了很多的时间和精力去描写这样无关紧要的内容，反而会导致大部分的读者流失。

我们要学会用简洁而有力的语言，选择最能传达信息的词语。使用具体而生动的描写，避免堆砌过多的修饰词。

错误范例：

清晨，阳光透过窗帘缝隙，将卧室染上金色。空气中花香与泥土的清新交织，我在床上伸懒腰，感受被褥的温暖。窗外，山峦在朝霞中若隐若现，田野上薄雾缭绕，农人的身影在朝阳下拉长。树木摇曳，露珠闪烁，鸟鸣声声，一切宁静祥和。

我走到窗前，拉开窗帘，让晨光洒满房间。突然，心脏短暂漏跳，我深吸一口气，感受清新空气，心脏恢复平静。

正确示范：

清晨，我伸了个懒腰，忽然，我的心脏短暂地漏了一拍……我隐隐感觉到，似乎有什么大事要发生。

2.3.5 突兀的情节发展

很多人在自媒体写作时指出，由于对情节没有很好地把控，导致情节的转折和发展缺乏合理的铺垫和连贯性，整篇文章缺乏一种循序渐进的感觉，前端的读者读起来不是很流畅。

我们可以在故事中设置适当的伏笔和线索，让情节的发展自然而然。确保每个情节的转折都有逻辑上的依据，并与故事的整体走向一致。

2.3.6 不合理的逻辑

逻辑不合理也是很多新人会在写作的过程中遇到的问题。写作中出现不合理的情节或逻辑漏洞，会让读者难以信服。

我们在创作过程中，要仔细思考情节的合理性。然后进行逻辑审查，确保故事的情节和人物行为符合现实和内在逻辑。因为一旦读者在你的文章中读出了漏洞，读者就会直接弃文。

2.3.7 没有营养的对话

写作中的对话应该不仅是传递信息，还应该展现人物的性格和关系，避免平淡和公式化的对话。

我们在写作时，应该让对话具有活力和真实感。注意人物的语言风格、语气和口头禅，让对话反映出人物的特点。

例如，如果你的人物角色是一位老师，那么你就可以在对话里植入一些和语文相关的内容。

例如，“孩子一开始学习拼音，就应该对声、韵母有个基础了解，这样基本功才会扎实”。

2.3.8 忽视校对和修改

校对和修改是最简单的一个步骤，很多人在写完故事后不进行仔细的校对和修改，容易出现语法错误、拼写错误和不清晰的表达。

我们只需要认真检查故事的逻辑性、流畅性和准确性，修正错误并优化表达方式即可。

当然，在写作的过程中，我还会给大家一些建议。例如在描述一个场景时，不仅简单地描述外观，还可以通过描写声音、气味、触感和人物的感受，让读者完全沉浸在场景中；在描述一个人时，不仅可以直观地描写，还可以通过第三者的评论去侧面衬托等。

我相信，只要大家在创作的过程中稍加注意，就可以避免这些误区。

2.4 自媒体写作成长的 N 种方式

现在自媒体写作成长的途径非常多，你需要在众多的途径中选择一种最适合自己的。

随着互联网的发展，自媒体平台成为了写作成长的重要途径，例如微信公众号、头条号、百家号等。通过在这些平台发布优质的文章，吸引粉丝关注，并通过广告分成、付费会员、电商等方式实现商业成长。

2.4.1 广告收入

现在广告商对文案的需求很大，图 2-20 所示这篇就是广告文案。广告商和你谈好价格之后，按照对方的要求写出文案，就可以获取相应的广告费。

2.4.2 会员付费

可以将你的文章设置成付费内容，会员只有付费了才可以享受更多的专属内容或特权，如图 2-21 所示。

2.4.3 电商带货

电商带货是自媒体和电商结合之后，自媒体人又一种成长的主要途径，方法很简单，就是在文章中推荐商品，通过链接或二维码引导读者购买，获得佣金，如图 2-22 所示。

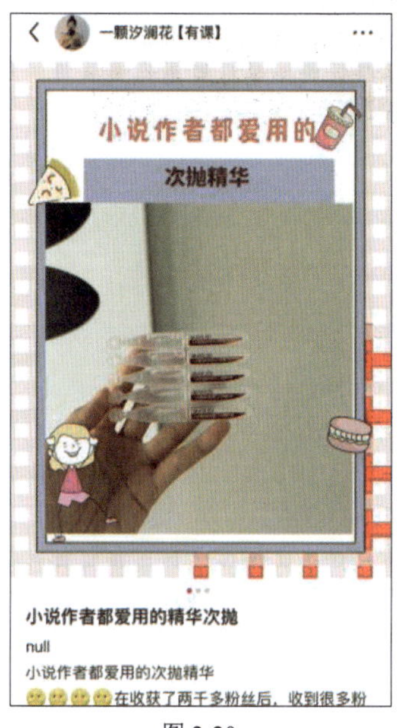

图 2-20

图 2-21

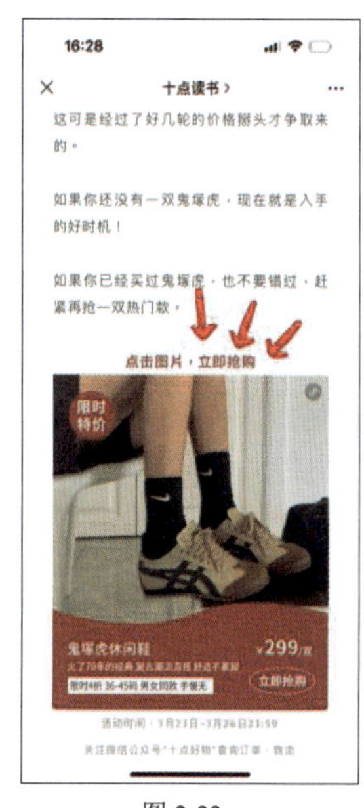

图 2-22

2.4.4 打赏

打赏是自媒体作者常见的方式之一，顾名思义就是只要你的文章对读者有帮助，读者就会给你相应的打赏。

例如在微信公众号写作后面可以自己设置打赏金额，读者看到之后，就会给予你赏金，如图 2-23 所示。

2.4.5 授权转载

你创作出自己的文章后，便拥有了该文章的版权。将文章授权给其他平台进行转载，并收取相应的授权费用。

2.4.6 出书

将自身的文章、小说等作品进行整理汇编，出版成书，以此获取版税收入。

这也是很多作者的收入来源，例如马伯庸的《长安的荔枝》等，如图 2-24 所示。

图 2-23

图 2-24

2.4.7 写作培训

如果你在写作方面有丰富的经验和专业知识，可以开设写作工作坊或提供培训服务，包括线上或线下的课程、写作指导、创作技巧分享等，并向学员收取学费。

以上算是目前主流的几种成长方式，当然，随着自媒体的蓬勃发展，更多的成长途径等着我们去发现。

第 3 章 ▸▸ 公众号写作与成长

“

在当今这个信息如潮水般汹涌的时代，文字的力量从未像这般强大。你是否渴望用自己的笔触创造价值，实现写作成长的梦想？

公众号写作为你提供了一个广阔的舞台，让你的文字不再仅是内心情感的抒发，更能成为财富的源泉。通过公众号，你可以分享独特的观点、故事和知识，吸引众多读者，并开启属于你的创作之旅。无论你是文学爱好者、专业写手还是希望在业余时间发挥才华的人，都有机会在公众号的世界中获得丰厚的回报。

”

3.1 她靠公众号年入百万——柠檬

柠檬（化名），香港城市大学硕士，如图 3-1 和图 3-2 所示。2013 年，她敏锐地洞察到了公众号的发展潜力，果断入局其中。

在公众号领域积累了丰富经验后，她于 2016 年与合伙人一同开创了公众号公司。此时，公司规模已达 40 多人，旗下账号吸引了数百万粉丝。

这位拥有 10 年自媒体操盘经验的高手，历经了微博、公众号、小红书等平台的周期更迭，在不同平台均取得了显著成就。

她曾经靠着公众号，一年就成长了几百万，在深入交流之后，她向我透露了公众号成功的几点经验。

- 精准定位：明确公众号的受众群体，从用户的需求和兴趣出发，为用户提供真正有价值的内容。
- 优质内容：注重内容的质量，保证其具有深度、价值和独特性，吸引并留住用户。
- 定期更新：保持一定的更新频率，让用户形成阅读习惯，增加用户黏性。
- 互动交流：积极与用户互动，回复评论和留言，增强用户的参与感和忠诚度。

图 3-1

图 3-2

下面将重点介绍公众号写作的要点。

3.2 公众号的定位

在正式开始写公众号之前，我们必须要给自己的公众号一个明确的定位，就是这个公众号究竟是做什么的。只有找准自己擅长的领域，我们才能持续性地输出内容。

3.2.1 公众号的主要类型

公众号作为微信平台的一种自媒体形式，已经成为信息传播和品牌营销的重要渠道。根据不同的内容定位和目标受众，公众号可以分为多种类型，如图 3-3 所示。

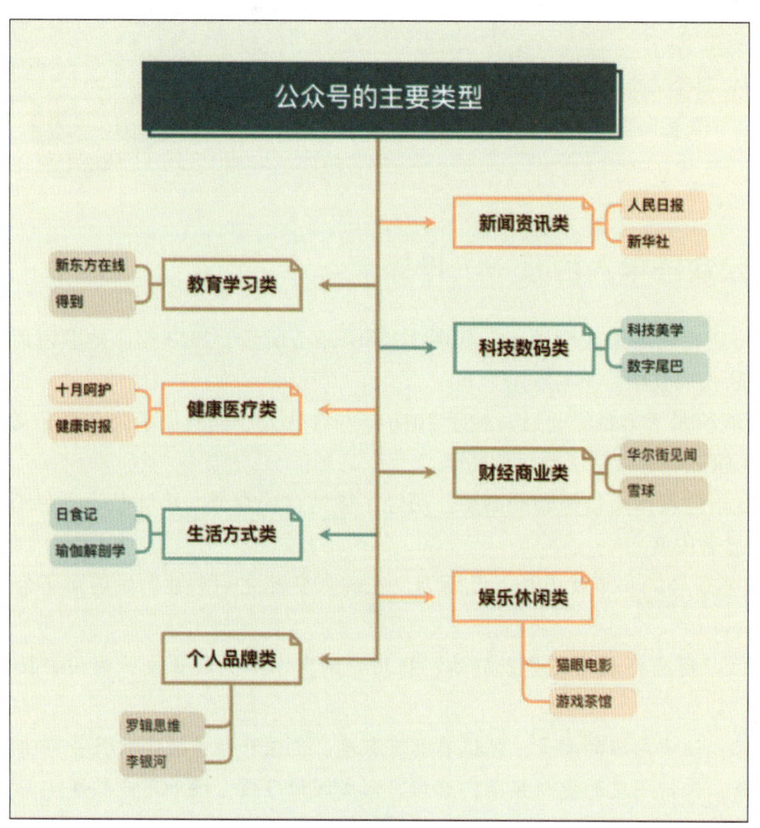

图 3-3

以下是对几种主要公众号类型的详细介绍。

1. 新闻资讯类公众号

新闻资讯类公众号专注于提供最新的新闻、时事评论和行业动态。它们通常由新闻机构、专业媒体团队或独立新闻爱好者运营。

这类公众号主要有以下几个特点。

- 内容：快速响应社会热点，提供深度分析和独家报道。
- 受众群体：关注时事、追求第一手资讯的读者。
- 运营策略：保持 24 小时更新，确保信息的时效性和准确性。

例如“新华社”和“财新”等公众号，如图 3-4 所示。

图 3-4

2. 教育学习类公众号

教育学习类公众号旨在提供专业知识、技能培训和学习资源，帮助读者提升自我。

这类公众号主要有以下几个特点。

- 内容：涵盖语言学习、职业技能、兴趣爱好等领域。
- 受众群体：学生、职场人士、终身学习者。
- 运营策略：定期发布高质量的教育内容，提供在线课程和学习工具。

例如“新东方在线服务号”公众号提供语言学习资源，“得到”公众号提供职场和个人成长课程，如图 3-5 所示。

图 3-5

3. 科技数码类公众号

科技数码类公众号关注最新的科技发展、数码产品评测和 IT 行业动态。

这类公众号主要有以下几个特点。

- 内容：介绍最新科技趋势，提供产品评测和使用技巧。

- 受众群体：科技爱好者、数码产品消费者。
- 运营策略：紧跟科技新闻，提供实用的产品推荐和使用指南。

例如“科技美学”“数字尾巴”等，专注于数码产品的评测和推荐，如图 3-6 所示。

图 3-6

4. 健康医疗类公众号

健康医疗类公众号提供健康知识、疾病预防、医疗信息等内容，旨在提升公众的健康意识。这类公众号主要有以下几个特点。

- 内容：分享健康生活方式，提供疾病预防和治疗的科学信息。
- 受众群体：关注健康的普通公众，以及特定疾病患者。
- 运营策略：与医疗机构合作，提供权威的健康信息和专业建议。

例如“十月呵护”“健康时报”等，提供专业的健康咨询服务，如图 3-7 所示。

图 3-7

5. 财经商业类公众号

财经商业类公众号专注于经济趋势分析、投资策略、市场动态和企业管理等内容。

这类公众号主要有以下几个特点。

- 内容：深度分析财经新闻，提供投资建议和商业洞察。
- 受众群体：投资者、企业家、金融从业者。
- 运营策略：结合宏观经济数据和市场动态，提供实用的财经分析。

例如“华尔街见闻”“雪球”等，为投资者提供实时的市场信息和交流平台，如图 3-8 所示。

图 3-8

6. 生活方式类公众号

生活方式类公众号涵盖美食、旅行、时尚、家居等领域，旨在提升读者的生活品质。

这类公众号主要有以下几个特点。

- 内容：分享生活小技巧，推荐优质产品，介绍流行趋势。
- 受众群体：追求高品质生活的都市人群。
- 运营策略：结合季节性和节日特色，发布相关内容，增加用户互动。

例如“日食记”“瑜伽解剖学”等，提供丰富的生活灵感和实用建议，如图 3-9 所示。

图 3-9

7. 娱乐休闲类公众号

娱乐休闲类公众号提供娱乐新闻、电影推荐、游戏攻略等内容，为读者提供轻松的休闲体验。这类公众号主要有以下几个特点。

- 内容：追踪娱乐圈动态，提供电影、音乐、游戏的评测和推荐。
- 受众群体：广泛的年轻用户和娱乐爱好者。
- 运营策略：紧跟娱乐热点，举办线上线下活动，增强用户黏性。

例如“猫眼电影”“游戏茶馆”等，为娱乐爱好者提供一站式服务，如图 3-10 所示。

图 3-10

8. 个人品牌类公众号

个人品牌类公众号由个人运营，分享个人见解、生活点滴、专业经验等，建立个人品牌。这类公众号主要有以下几个特点。

- 内容：展现个人风格，提供独特的视角和内容。
- 受众群体：对个人品牌感兴趣的读者、追求个性化内容的用户。
- 运营策略：保持个人特色，定期与读者互动，建立忠实粉丝群体。

例如“罗辑思维”“李银河”等，通过分享个人思考和生活经历，吸引大量关注者，如图 3-11 所示。

图 3-11

不同类型的公众号各有特色，它们通过提供多样化的内容来满足不同用户的需求。无论是新闻资讯类、教育学习类，还是科技数码类、健康医疗类，每一种类型的公众号都有其独特的价值和意义。运营者需要根据自己的专长和目标受众，选择合适的类型，制定有效的内容策略，以吸引和维护用户群体。通过不断地内容创新和优化，公众号可以成为连接信息提供者和接收者的重要桥梁。

3.2.2 准确定位的法则

在正式创建公众号之前，必须明确公众号的受众，这样产出的内容才会更贴合他们的需求。图 3-12 所示总结了公众号定位的几个法则，按照法则去创建公众号，一定会事半功倍。

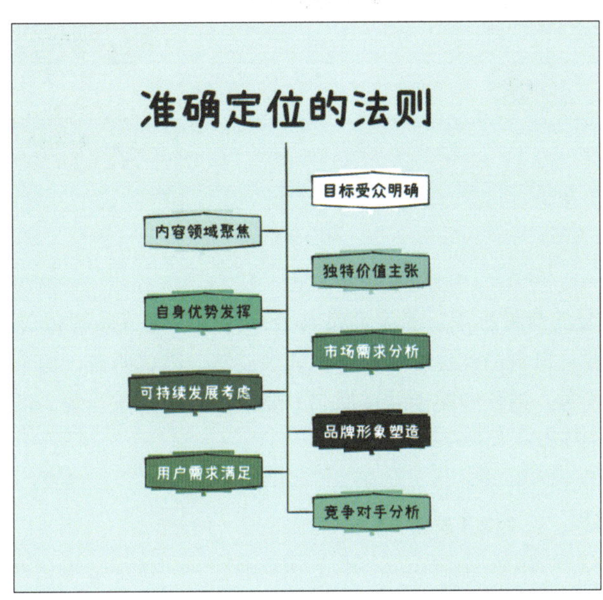

图 3-12

- 目标受众明确：了解并明确目标受众的特点、需求和兴趣。
- 内容领域聚焦：专注于一个特定的内容领域，提供有深度和价值的信息。
- 独特价值主张：突出与其他公众号的差异，提供独特的观点、见解或服务。
- 自身优势发挥：利用自身的专业知识、经验或资源，打造竞争优势。
- 市场需求分析：了解市场趋势和需求，确保定位符合市场需求。
- 可持续发展考虑：确保定位具有长期发展的潜力。
- 品牌形象塑造：通过定位塑造独特的品牌形象。
- 用户需求满足：以用户为中心，提供满足其需求的内容。
- 竞争对手分析：了解竞争对手的定位和优势，进行差异化定位。

3.3 公众号的构成要素

公众号作为自媒体的重要组成部分，以其独特的传播方式和互动性，成为信息分享和品牌建设的重要平台。

公众号的构成要素包括公众号名称、互动功能、认证信息等，这些要素共同塑造了公众号的品牌形象和影响力，如图 3-13 所示。通过这些要素可以优化公众号运营，增强用户黏性，提升自我价值。

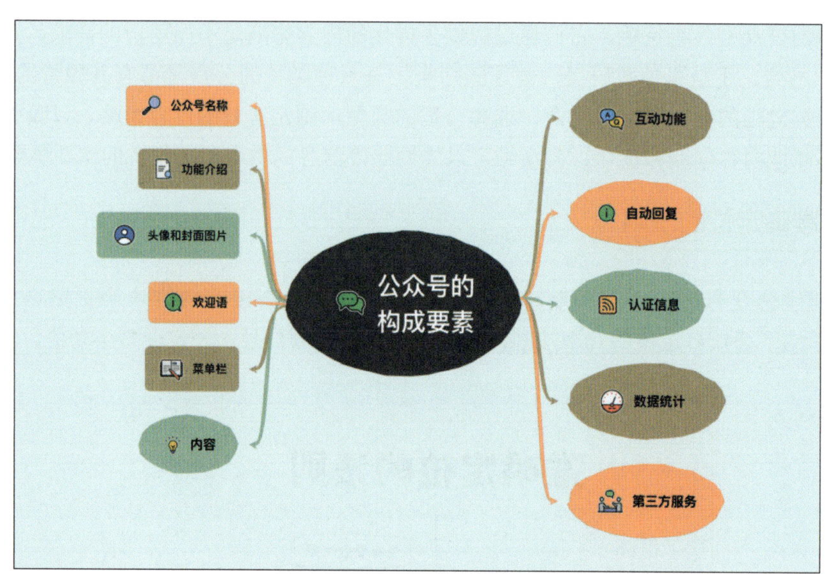

图 3-13

1. 公众号名称

公众号名称是公众号的身份标识，名字通常与公众号的主题或品牌相关，易于记忆且具有辨识度。公众号的名称必须要与自身的定位相契合，使读者能够一眼就明白，这个公众号的主要功能是什么。需要注意的是，取名时，请仔细阅读并遵循起号要求，必须合法合规，以避免出现任何错误或不必要的麻烦，如图 3-14 所示。

图 3-14

2. 功能介绍

在公众号的介绍部分，需要简洁明了地说明公众号的主要功能、内容方向或提供的服务，帮助用户快速了解公众号的主要内容，如图 3-15 所示。

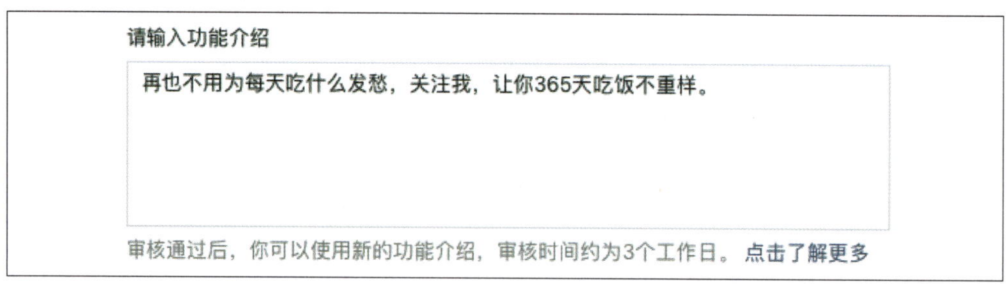

图 3-15

注意：公众号介绍需要公众号管理方审核通过方能生效，审核的时间为三个工作日左右。在这段时间内，相关工作人员会对填写的介绍进行仔细审查和核实。

3. 头像和封面图片

头像是公众号的图标，通常与品牌形象一致，如图 3-16 所示。封面图片则是用户进入公众号后看到的背景图，两者都对品牌形象的塑造起重要作用。

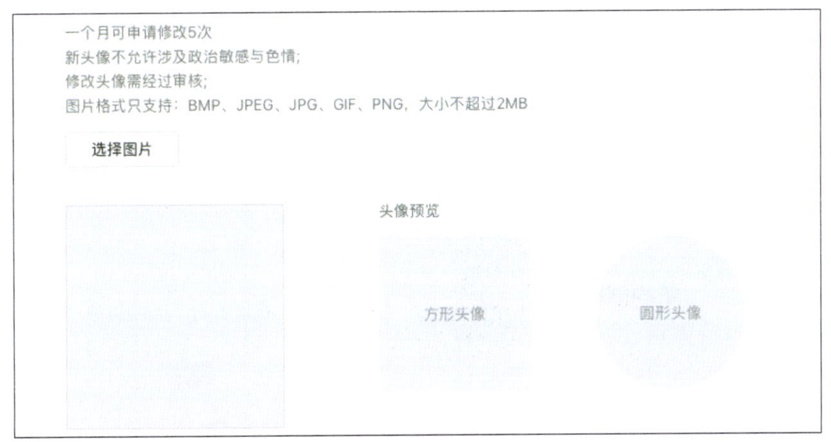

图 3-16

注意：头像一个月最多只能修改 5 次，不能涉及敏感话题等，按照要求上传即可。

4. 欢迎语

用户关注公众号后，可以设置一段自动回复的欢迎语，用来欢迎新关注者，同时也可以介绍公众号的主要内容和如何使用，如图 3-17 所示。

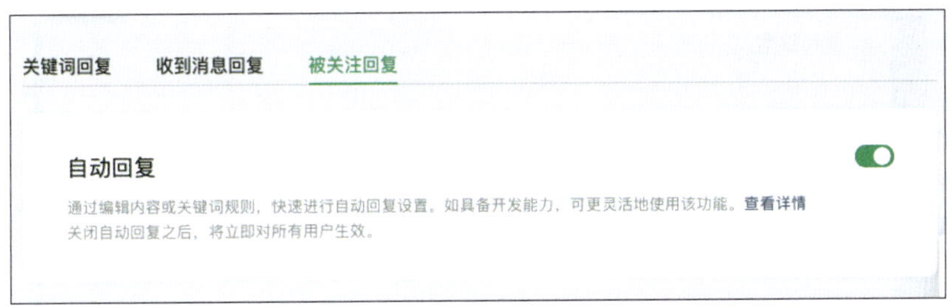

图 3-17

成功找到被关注回复的相关选项后，便能够进行一段被关注的回复设置。这是一个与关注者建立良好沟通的机会。

通过精心构思回复内容，可以表达对新关注者的欢迎和感激之情。在回复中，你可以展示自己的个性特点、分享一些有趣的信息，或者提供有关你的账号或作品的简要介绍。

这样不仅能让关注者更好地了解你，还能增加彼此之间的互动和联系。此外，回复的语言风格可以根据你的定位和目标受众来调整，使其更具吸引力和亲和力。利用好这个机会，为与关注者建立长久的关系打下坚实的基础。

5. 菜单栏

公众号可以设置自定义菜单，方便用户快速浏览和查找历史文章、服务或其他功能，如图 3-18 所示。

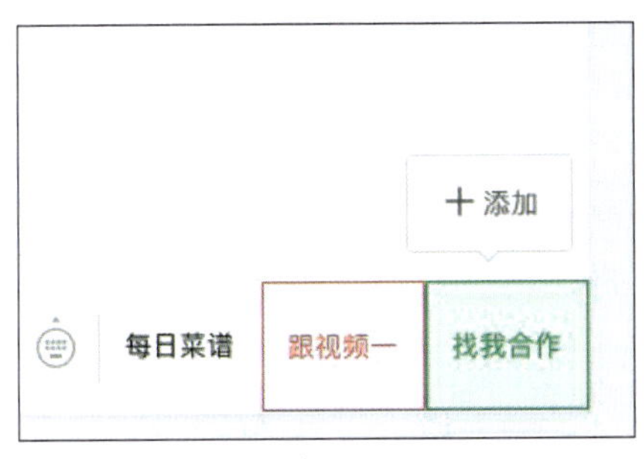

图 3-18

这里需要特别注意的是，在每个菜单的最下方都存在着设置子菜单的功能，可以根据自身的实际需求进行相应的设置。这一功能提供了更大的灵活性和便利性，让用户能够更加精细地定制个性化的菜单选项。

6. 内容

公众号内容包括图文消息、视频、音频等多种形式，如图 3-19 所示。内容是公众号与用户互动的核心部分，需要定期更新，保持与用户的相关性和互动性。

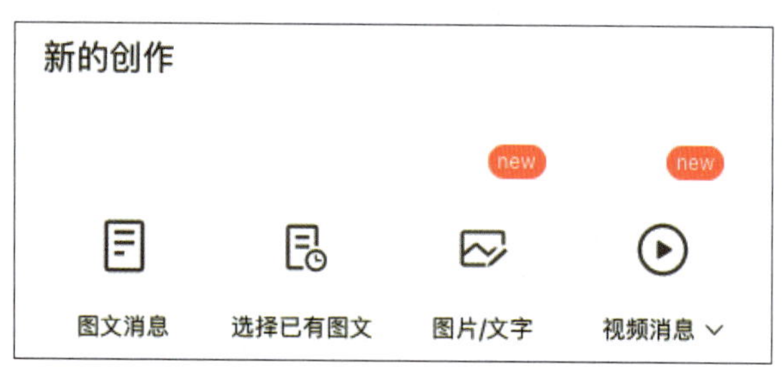

图 3-19

7. 互动功能

公众号可以设置投票、问答、抽奖等互动功能，提高用户的参与度和黏性，如图 3-20 所示。

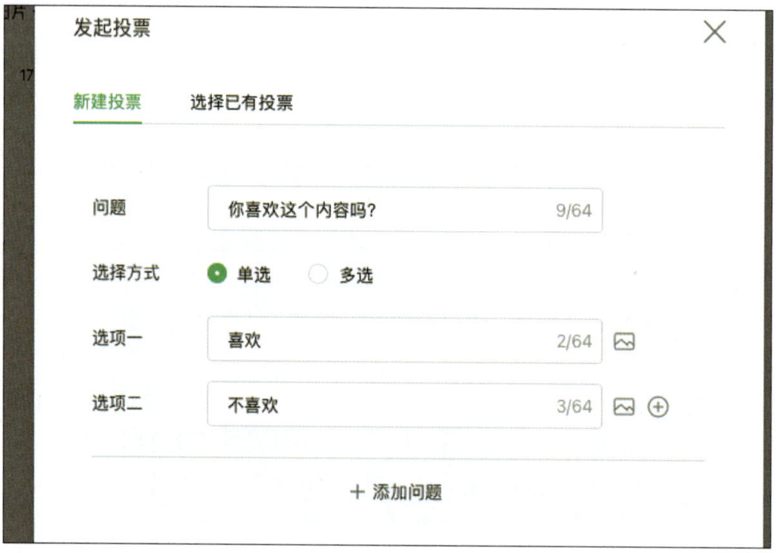

图 3-20

在投票功能里，系统提供了单选和多选的选择方式。可以根据自己的具体需求灵活地进行选择。单选适用于一些简单明了的问题，让用户在有限的选项中做出明确的选择；多选则更适合较为复杂的情况，可以让用户有更多的选择空间。

无论是单选还是多选，都可以收集到有价值的信息，了解他人的意见和看法。

在设置投票时，请仔细考虑问题的表述和选项的设置，以确保投票的准确性和有效性。同时，也要注意投票的时间限制和参与人群的范围，以便获得更具代表性的结果。利用好这个功能，能够更好地与他人互动，了解他们的需求和想法。

8. 自动回复

可以设置关键词回复、被添加自动回复、消息自动回复等，以实现与用户的自动化互动，如图 3-21 所示。

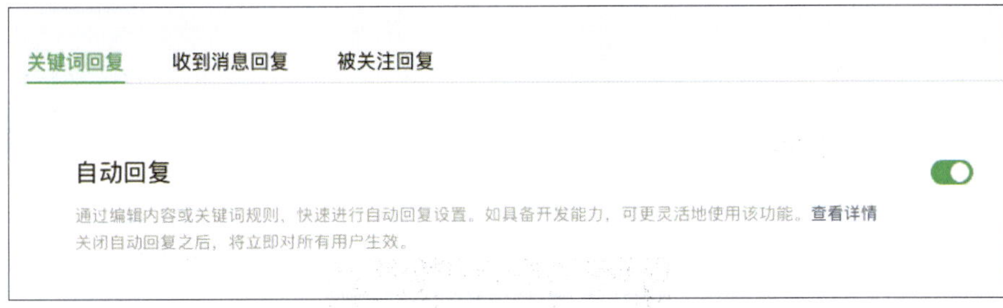

图 3-21

考虑到公众号用户可能会询问“怎么联系你”，那么就可以设置一个自己的联系方式，以便他们能够方便快捷地与你取得联系。设置“关键词回复”，不仅可以提高沟通效率，还能为对方提供更好的服务体验。

可以根据自身需求和常见问题，精心设置各种关键词及其对应的回复内容。无论是提供产品信息、解决常见问题，还是引导用户进行特定操作，都可以通过这一功能实现。同时，要确保回复内容准确、清晰、简洁，以满足用户的需求。合理利用“关键词回复”功能，将为你的交流和服务带来更大的便利和效率。

9. 认证信息

公众号可以申请微信官方认证，认证后的公众号将获得更多的信任和更多的功能权限，如图 3-22 所示。

认证情况　　未认证　　申请微信认证

图 3-22

10. 数据统计

公众号后台提供数据统计功能，可以分析用户行为、阅读量、转发量等数据，帮助运营者优化内容和策略，如图 3-23 所示。

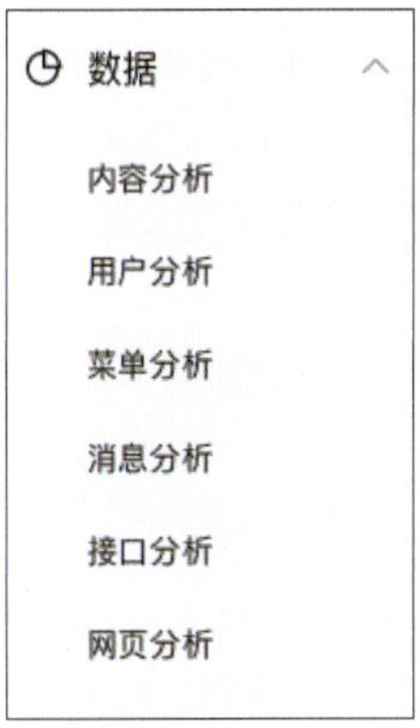

数据统计包含诸多重要的分析内容，如内容分析、用户分析、菜单分析等。这些分析数据具有极高的价值和意义。

通过内容分析，可以了解公众号的文章受欢迎程度以及用户的兴趣偏好；借助用户分析，能知晓用户的基本情况和行为特征；菜单分析则有助于评估菜单设置的合理性和易用性。我们需要依据具体的数据深入剖析自己的公众号，判断是否需要做出相应的调整。

只有充分利用这些数据，才能更好地了解用户需求，优化公众号的内容和功能，提升用户体验，从而实现公众号的持续发展和成长。

数据
内容分析
用户分析
菜单分析
消息分析
接口分析
网页分析

图 3-23

11. 第三方服务

公众号可以接入第三方服务，如小程序、H5 页面等，为用户提供更丰富的功能和服务。

这些要素共同构成了公众号的基本框架，运营者需要根据目标受众和运营目标，合理配置和优化这些要素，以提升公众号的吸引力和运营效果。

 3.4 搭建框架的技巧

了解了公众号的基本要素，接下来介绍如何搭建一个成功的公众号。

搭建一个成功的公众号框架需要策略性的规划和对目标受众的深入理解。这里将其分为 8 个步骤，记住这 8 个步骤就可以构建一个高效且吸引人的公众号框架，如图 3-24 所示。

图 3-24

1. 明确定位和目标

写公众号文章的第一步就是要明确定位和目标，建议从以下三方面着手，如图 3-25 所示。

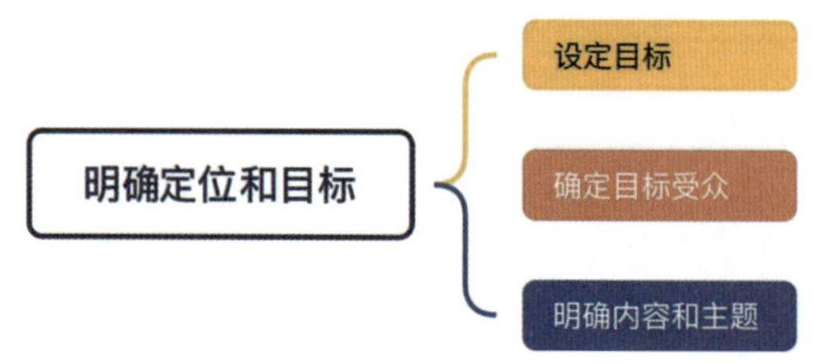

图 3-25

- 设定目标：明确你希望通过公众号实现的目标，例如品牌宣传、知识分享、销售转化等。
- 确定目标受众：了解你的目标读者群体，包括他们的兴趣、年龄、职业等。
- 明确内容和主题：根据受众的兴趣和需求，确定你的公众号将涵盖的主题。

例如，笔者之前是从事金融行业，所以一直关注“券商中国”公众号的消息，其定位明确且专注，就是输出最新的金融方面的消息，如图 3-26 所示。

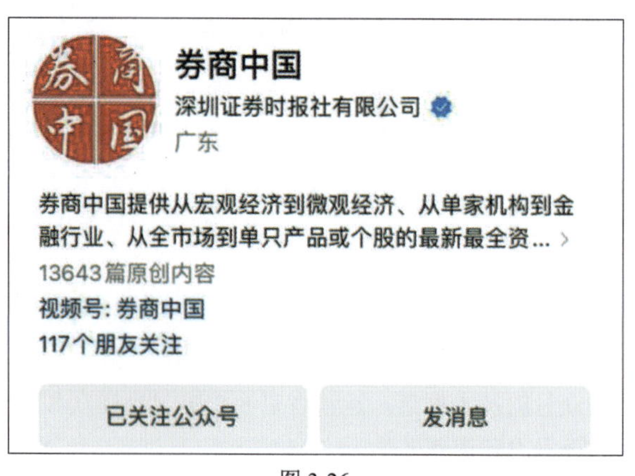

图 3-26

这个公众号仿佛一扇通向金融世界的窗口，为我们提供着实时的金融资讯。首先，它能够快速捕捉到金融市场中的最新动态，包括国内外的经济形势、政策变化、行业趋势等。这使得我们能够及时了解到市场的变化，为个人的投资决策提供有力的参考。

其次，该公众号的消息来源广泛且可靠，经过精心筛选和整理，确保了信息的准确性和权威性。我们可以信赖其所提供的资讯，避免受到虚假或误导性信息的影响。

它以输出最新金融消息为定位，为我们提供了一个便捷、高效的获取金融资讯的平台。通过关注它，我们能够紧跟金融市场的步伐，更好地把握投资机会，应对市场风险。

2. 内容规划

内容是公众号的核心，关于内容规划，我总结了以下三点，如图 3-27 所示。

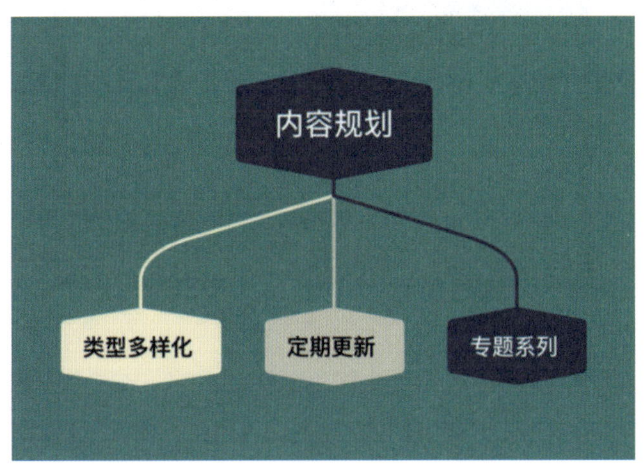

图 3-27

类型多样化：结合图文、视频、音频等多种形式，以满足不同用户的偏好。

定期更新：制订内容发布计划，保持频率和节奏的一致性，建立读者的期待感。

专题系列：创建系列内容，如教程、案例研究或主题讨论，以增加深度和连贯性。

图 3-28 所示公众号巧妙地运用了图文和音频相结合的方式，这一举措极大地增强了用户的黏性。

图 3-28

通过精美的图片，用户可以更直观地理解和感受内容，增添了阅读的趣味性。而音频的加入，则为用户提供了一种全新的体验方式。无论是在忙碌的工作中，还是在休闲的时光里，用户都可以通过收听音频来获取信息。

这种结合方式满足了不同用户的需求和偏好，使得内容更加丰富多样。图文能够吸引视觉型用户，音频则满足了那些喜欢听内容的用户。同时，这也增加了用户在公众号上的停留时间，提高了用户对内容的关注度和参与度。

3. 风格和语调

统一风格：确保所有内容都遵循一致的视觉和语言风格，以增强品牌识别度。

适当互动：使用问答、投票等形式，鼓励读者参与和反馈，增加互动性。

“国家动物博物馆”公众号有一个固定的内容：每周识鸟，如图 3-29 所示。每周作者都会用同样的内容形式给大家介绍一种新的鸟类，这样前端的读者就会形成固定记忆，也增加了这个公众号的辨识度。

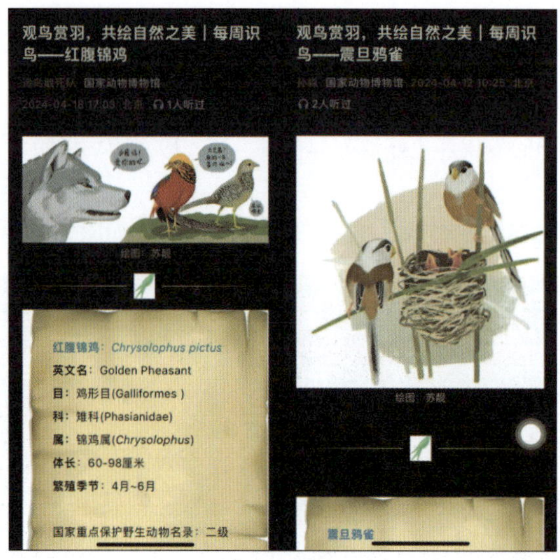

图 3-29

4. 视觉设计

视觉一致性：使用统一的色彩方案、字体和图像风格，以提升专业性和品牌感。

高质量图片：使用高质量的图片和图表，以吸引视觉注意力并提供更好的阅读体验。

图 3-30 所示图片就是一张高清图片，大大提升了前端读者的阅读体验。

即使我们每句话都得当、有理有据，还是不如沉默，因为我们向外索求的时候，就会在不经意间忘记自我。

那些不过是外行人的评价，贝罗尼解释也好，恼怒也罢，不过是徒增烦恼。

讲话“抠”一点，不是因为我们没有见地，恰巧是因为看见本质、究其本源，所以我们学会了闭嘴。

图 3-30

5. 用户体验

简洁导航：确保公众号的菜单和导航简洁明了，方便用户找到他们感兴趣的内容。

优化加载速度：优化内容加载速度，提供流畅的阅读体验。

当我们浏览公众号时，往往会注意到页面最下方简洁的三个导航栏，如图 3-31 所示。

图 3-31

这三个导航的设计具有诸多优点，首先，它们以简洁明了的方式呈现，不会让用户感到混乱或不知所措，这种简洁性使得用户能够快速扫视并找到自己所需的内容，提升用户体验。

其次，这三个导航方便了前端用户快速找到自己想要的内容。无论是文章分类、热门话题还是重要功能，用户都可以通过导航直接跳转，减少不必要的搜索和浏览时间。

最后，这种导航设计还能够提高公众号的可用性和易用性。对于新用户来说，他们可以更快地了解公众号的主要内容和功能，从而增加对公众号的好感度和使用频率。

从创作者的角度来看，这几个导航对我们也是非常有利的。它们不仅能够帮助创作者更好地组织和呈现内容，使公众号的布局更加清晰有序，更能让我们快速地进行数据分析和用户行为研究，这样就能进一步优化公众号的内容和功能。

6. 数据监控

监控数据：定期检查阅读量、点赞数、分享次数等指标，了解哪些内容受欢迎。

调整策略：根据数据分析结果调整内容策略，以提高用户参与度和满意度。

7. 持续优化

反馈收集：积极收集用户反馈，不断优化内容和服务。

技术更新：随着技术的发展，定期更新公众号的功能和设计，保持竞争力。

8. 法律合规

遵守规则：确保所有内容都符合相关法律法规，避免侵权和违规风险。

通过上述技巧，你可以为你的公众号搭建一个坚实的框架，不仅能够吸引和保留读者，还能够实现长期的粉丝增长。记住，成功的公众号是一个持续进化的过程，需要不断地学习、测试和改进。

3.5 公众号具体内容的策划

3.5.1 标题的吸引力

在微信公众号的运营中，标题的设计是吸引读者关注的关键环节。一个精心构思的标题能够在短时间内捕获用户的注意力，从而增加文章的阅读概率。

以下是对如何创作出具有吸引力的公众号标题的深入分析，旨在提供独特且有效的策略。

1. 标题的核心作用

标题相当于文章的招牌，它在用户决定是否进一步阅读的瞬间起到决定性作用。

在充斥着海量信息的网络环境中，用户的注意力显得尤为宝贵。因此，能够迅速吸引用户目光的标题对于内容的传播至关重要。

图 3-32 所示标题就能一眼吸引大家的目光：她的家只有 35m^2，太有格调了，随手一拍都绝美！。

图 3-32

2. 洞察用户心理

在构思标题之前，必须深入理解目标读者群。这涉及他们的兴趣点、需求点、阅读偏好以及他们通常在何种情境下浏览公众号。把握这些信息有助于我们更精准地定制标题，以符合用户的期待。

例如你自己是一个精通做 PPT 的人员，并且也通过自己做 PPT 的技巧，每天都能赚到一些额外的收益，那么你的公众号就可以通过教大家如何用业余的时间去做 PPT 来赚钱。

3. 触发情感反应

一个能够触发情感反应的标题更容易留住读者。无论是激发用户的好奇心、紧迫感、幽默感还是共鸣，情感因素都能有效地吸引用户的注意。

例如，“大揭秘！手机上这 5 个隐秘功能你可能一直忽视了！”这样的标题就能触发用户的情感反应，如图 3-33 所示。

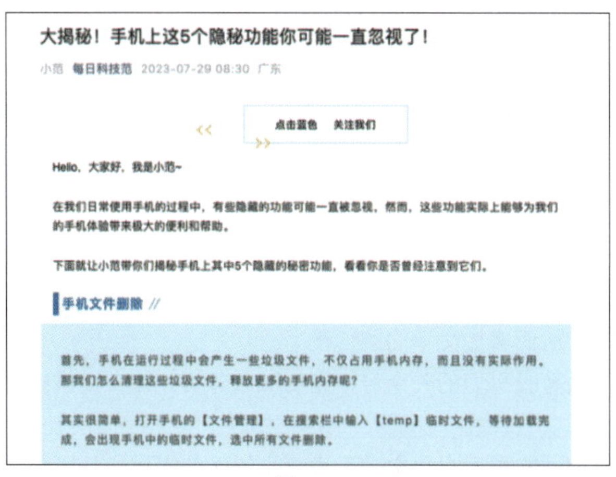

图 3-33

当然，这种方式可以结合自己的定位来表现。

4. 明确展示价值

标题应当向用户明确展示文章的价值所在，无论是教育性的、娱乐性的还是解决问题的。这种价值承诺能够激发用户的兴趣，让他们相信阅读后能够获得有用的信息。例如，“学会这 5 个时间管理技巧，让你工作效率暴涨”这样的标题就明确展示了价值，如图 3-34 所示。

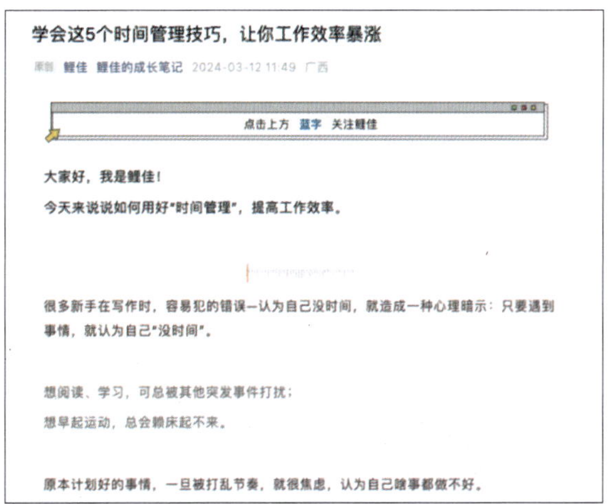

学会这5个时间管理技巧，让你工作效率暴涨

原创 鲤佳 鲤佳的成长笔记 2024-03-12 11:49 广西

点击上方 蓝字 关注鲤佳

大家好，我是鲤佳！

今天来说说如何用好"时间管理"，提高工作效率。

很多新手在写作时，容易犯的错误—认为自己没时间，就造成一种心理暗示：只要遇到事情，就认为自己"没时间"。

想阅读、学习，可总被其他突发事件打扰；

想早起运动，总会赖床起不来。

原本计划好的事情，一旦被打乱节奏，就很焦虑，认为自己啥事都做不好。

图 3-34

5. 紧跟时事热点

利用当前的时事热点可以增加标题的吸引力。当某个话题正在被广泛讨论时，与之相关的标题更容易吸引用户的注意。例如，“2024 年最火的 5 大科技趋势：未来已来，你准备好了吗？”就是一个紧跟时事的标题，如图 3-35 所示。

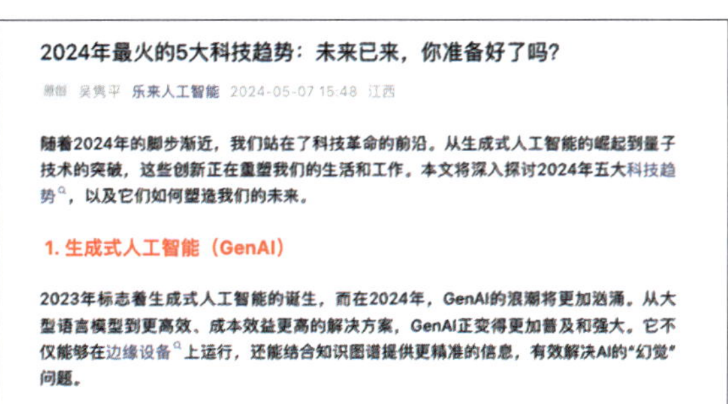

2024年最火的5大科技趋势：未来已来，你准备好了吗?

原创 吴隽平 乐来人工智能 2024-05-07 15:48 江西

随着2024年的脚步渐近，我们站在了科技革命的前沿。从生成式人工智能的崛起到量子技术的突破，这些创新正在重塑我们的生活和工作。本文将深入探讨2024年五大科技趋势，以及它们如何塑造我们的未来。

1. 生成式人工智能（GenAI）

2023年标志着生成式人工智能的诞生，而在2024年，GenAI的浪潮将更加汹涌。从大型语言模型到更高效、成本效益更高的解决方案，GenAI正变得更加普及和强大。它不仅能够在边缘设备上运行，还能结合知识图谱提供更精准的信息，有效解决AI的"幻觉"问题。

图 3-35

6. 激发好奇心

在标题中设置悬念或创造神秘感，可以激发用户的好奇心，促使他们点击以发现更多。例如“看似舒服，实则毁健康的 4 个习惯！被不少人忽略了……”这样的标题就能够有效地激发用户的好奇心，如图 3-36 所示。

看似舒服，实则毁健康的4个习惯！被不少人忽略了......

原创 大众民生 大众民生 2024-04-13 11:10 河南

点击上方蓝字，关注我们

大众民生
关心百姓事，弘扬正能量
147篇原创内容

公众号

在一个繁华的都市里，有位名叫李冬冬的办公室白领。

她每天早晨起床后，第一件事就是躺在床上拿起手机，浏览社交媒体和新闻。

她习惯性地侧躺着，享受着这种慵懒的时刻。然而，她并没有意识到，这种习惯正在悄悄地损害着她的双眼健康。

一天，李小姐突然发现自己的右眼明显模糊了起来。她感到十分恐慌，立即就医检查。

图 3-36

7. 采用问答形式

使用问题形式的标题可以直接与用户进行互动，引导他们寻找答案。例如，“微信如何防止电信诈骗？”这样的标题就能激发用户寻找解答的欲望，如图 3-37 所示。

图 3-37

8. 简洁明了

标题应简短，以便用户能迅速抓住重点。过长的标题可能会让用户感到信息过载，简短的标题则能快速传达核心信息。例如，“［干货］一个月快速提升英语口语的 3 个方法，告别哑巴英语！”就是一个简洁有力的标题，如图 3-38 所示。

图 3-38

9. 避免使用误导性标题

虽然吸引眼球的标题很重要，但内容的真实性和可信度同样重要。误导性的标题可能会在短期内提高点击率，但长期来看会损害公众号的信誉。因此，标题应真实反映文章内容。

10. 持续测试与调整

通过不断测试和调整标题，可以找到最有效的表达方式。可以对比不同标题的表现，或者分析用户反馈，从而不断优化标题的吸引力。

综上所述，公众号的标题创作是一个需要深思熟虑的过程。通过这些策略，我们可以在内容营销的海洋中乘风破浪，赢得用户的心。

3.5.2 图片的选择与运用

运营公众号时，图片的选择与运用对于提升内容质量和吸引读者具有重要作用。以下是一些独特的建议，帮助你在公众号中更好地利用图片。

1. 确保图片与主题紧密相关

选择与文章主题相匹配的图片，以便读者能够通过视觉元素更好地理解文章内容。图片应该与文字相辅相成，共同强化信息的传递。

2. 保持图片风格的统一性

图片的风格应与公众号的整体设计保持一致，这有助于加强品牌形象。无论是色彩搭配、构图还是滤镜效果，都应体现公众号的独特风格。

3. 优化图片尺寸和比例

根据公众号的排版规范调整图片尺寸，确保图片在手机屏幕上的展示效果最佳。封面图片和正文图片可能需要不同的尺寸和比例。

4. 注意版权问题

我们在引用图片时，要注意图片的版权问题。下面给大家推荐几个图片网站。

觅知网：一个一站式创意设计、演示、视听觉服务方案的网站。它的图库里有上亿张正版图片，如图 3-39 所示。

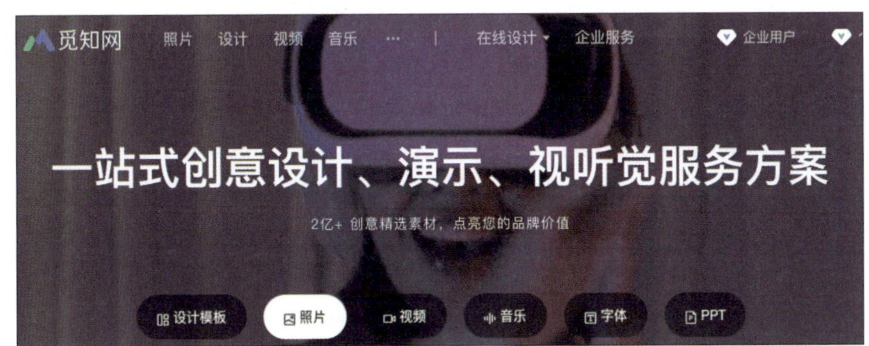

图 3-39

千库网：提供各类好看且免费的素材和图片等，如图 3-40 所示。

图 3-40

汇图网：国内领先的正版商业图库，提供海量授权商业使用的高清正版摄影图片、设计素材，如图 3-41 所示。图片直接按照主图划分，如果你的文章和特定主题相关，就可以在此网站里面选择，如图 3-42 所示。

图 3-41

图 3-42

5. 利用在线设计工具

如果以上介绍的网站都找不到你需要的图片，你可以使用在线设计工具自己设计，如“可画”或“稿定设计”等，可以轻松创建专业的图片，如图 3-43 和图 3-44 所示。

图 3-43

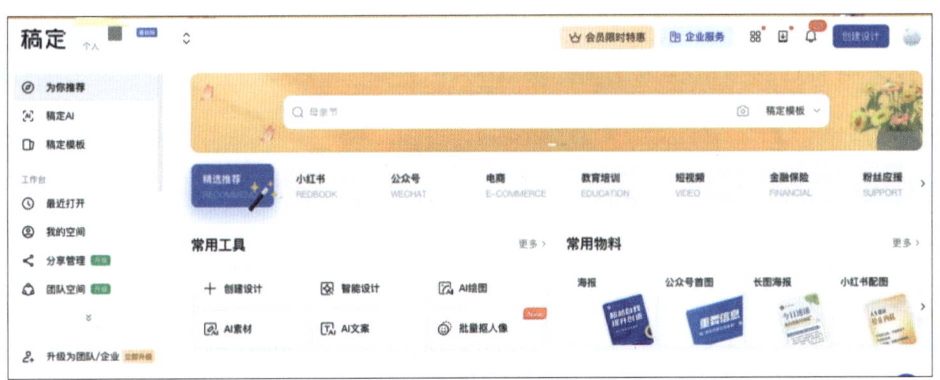

图 3-44

值得注意的是，这些工具提供了丰富的模板和设计元素，我们在设计的过程中，只需要套用模板即可轻松高效地设置出精美的图片。

6. 创意性地使用图片

通过创意性的图片使用，如原创插图、数据可视化图表等，可以使文章内容更加生动有趣，增强信息的传达效果。

在文章创作的过程中，也需要一些图标，这样我们前端的读者才能看得更清晰，这里推荐 Xmind。

Xmind 是一款流行的思维导图软件，它可以帮助用户通过图形化的方式组织和展示思想，非常适合用于项目规划、头脑风暴、概念梳理等，如图 3-45 所示。

图 3-45

它支持多种思维导图结构，如鱼骨图、树状图、逻辑图等，并提供了丰富的图标、颜色和字体选项，以增强导图的可读性和美观性。此外，Xmind 还支持导出多种文件格式，方便分享和进一步编辑。

我们可以通过自己的合理运用，将图片插入自己的公众号文章中。

3.5.3　排版的要点

公众号排版的质量直接影响读者的阅读体验和内容的传播效率。

以下是一些独到的公众号排版要点，旨在帮助你的文章在众多信息中脱颖而出，如图 3-46 所示。

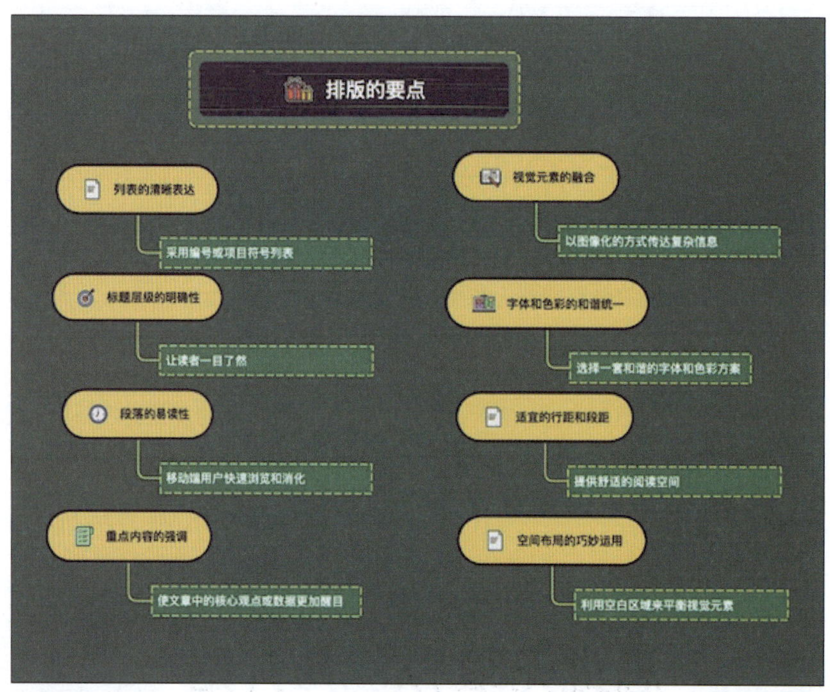

图 3-46

1. 标题层级的明确性

利用不同级别的标题来构建文章的层次结构，让读者一目了然地把握文章框架。

2. 段落的易读性

将内容分割成短小精悍的段落，便于移动端用户快速浏览和消化。

3. 重点内容的强调

通过设计手段，如字体加粗或颜色对比，使文章中的核心观点或数据更加醒目。

4. 列表的清晰表达

采用编号或项目符号列表，清晰展示步骤、要点或分类信息。

5. 视觉元素的融合

合理融入图表、插图等视觉元素，以图像化的方式传达复杂信息。

6. 字体和色彩的和谐统一

选择一套和谐的字体和色彩方案，贯穿全文，以增强整体美感和品牌感。

7. 适宜的行距和段距

调整行距和段距，确保文字不会显得过于紧凑，提供舒适的阅读空间。

8. 空间布局的巧妙运用

利用空白区域来平衡视觉元素，避免过度拥挤，给予读者视觉休息的间隔。

3.5.4 具体内容的呈现

在公众号内容创作中，呈现方式对于吸引和保持读者兴趣至关重要。以下是一系列详尽的策略，用以提升公众号内容的吸引力和传播效率，同时避免重复，保持 2000 字左右的篇幅。

1. 引人入胜的标题创作

标题是文章的灵魂，它需要在众多信息中脱颖而出，吸引读者的目光。一个好的标题应该简洁明了，同时富有创意，能够概括文章的主要内容，同时激发读者的好奇心。例如，可以使用数字、提问、挑战常识的语句或者直接承诺文章的价值，例如图 3-47 所示的标题。

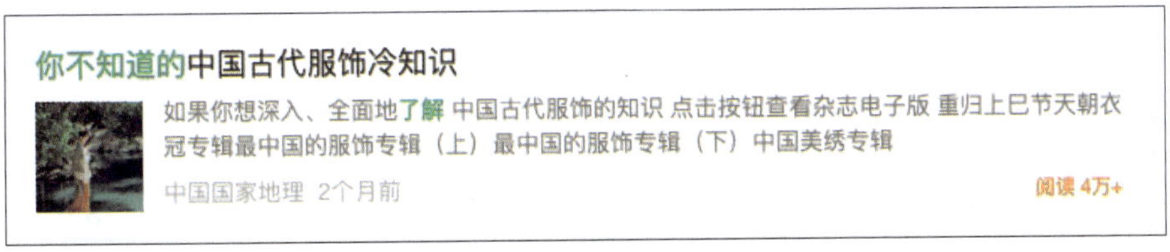

你不知道的中国古代服饰冷知识
如果你想深入、全面地了解 中国古代服饰的知识 点击按钮查看杂志电子版 重归上巳节天朝衣冠专辑最中国的服饰专辑（上）最中国的服饰专辑（下）中国美绣专辑
中国国家地理 2个月前
阅读 4万+

图 3-47

开篇以“你不知道”几个字开头，读者会立刻被吸引。这几个字仿佛是一封神秘的邀请函，激发着人们的好奇心。

读者会想知道，到底有哪些是他们不知道的呢？这种未知感会让他们迫不及待地一直往下看，渴望探寻其中的秘密和新奇。

这样的标题具有强烈的吸引力，能够迅速抓住读者的注意力，引发他们的兴趣和求知欲，就像一扇通往未知世界的门，引导读者进入一个充满惊喜和发现的领域，让他们沉浸其中，享受阅读的乐趣。

2. 精选封面图像

封面图像是读者点击文章的另一个关键因素。一张高质量的、与文章主题相关的封面图像可以大大提高文章的吸引力。选择封面图像时，应考虑到图像的色彩搭配、清晰度以及是否能够准确传达文章的核心信息。例如，如果是一篇关于健康饮食的文章，可以选择新鲜的水果或蔬菜作为封面图像。

如图 3-48 所示这张封面，它主讲的内容是水煮菜，封面上呈现的恰好就是一碗水煮菜。这样的设计十分巧妙，具有重要的意义。

运营研究社
“花40就买碗白水煮菜”，这家麻辣拌快被打工人吃成减肥药了？

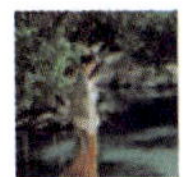

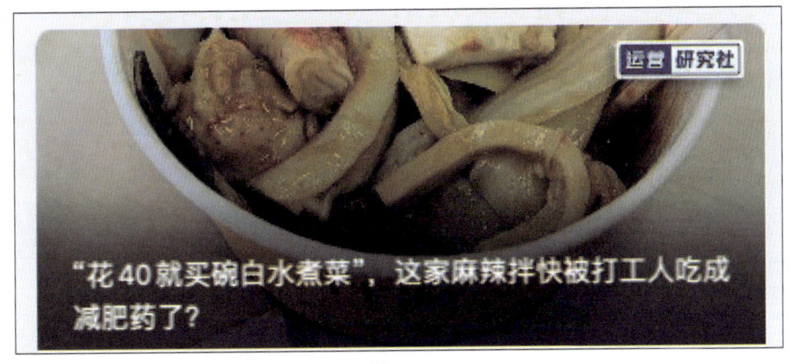

图 3-48

通过直观地展示水煮菜，封面能够在读者的脑海中自动与标题形成关联，使读者能够迅速理解主题。封面起到了引导和提示的作用，让读者第一时间对内容有了初步的认知和预期。

它以简洁而明确的方式传达了关键信息，吸引读者的注意力，并激发他们对水煮菜相关内容的兴趣。

3. 逻辑分明的结构布局

文章的结构布局对于读者理解和吸收信息至关重要。合理的结构布局可以帮助读者快速找到他们感兴趣的部分，并顺畅地阅读全文。

使用清晰的小标题来划分不同的部分，使用列表和项目符号来强调关键点，可以使文章更加易于扫描和阅读。例如，可以在介绍一个复杂概念时使用子标题来分步骤讲解，使读者更容易跟随，如图 3-49 所示。

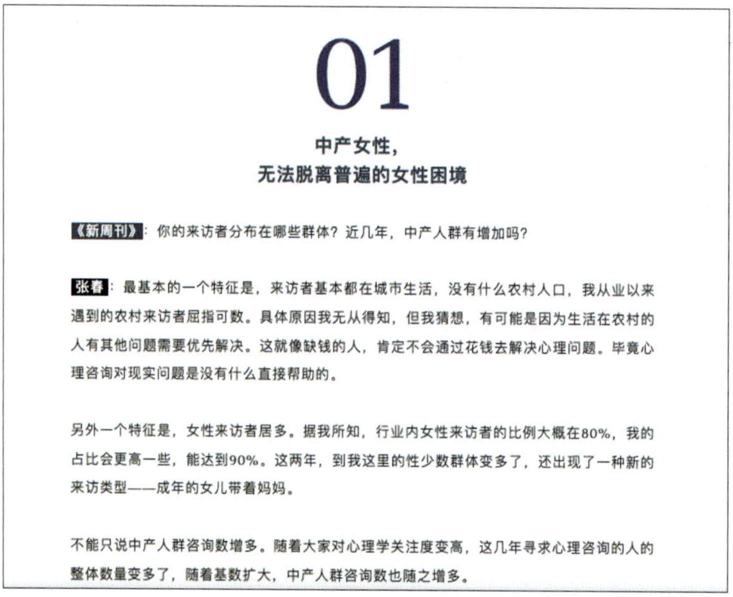

01

中产女性，
无法脱离普遍的女性困境

《新周刊》：你的来访者分布在哪些群体？近几年，中产人群有增加吗？

张春：最基本的一个特征是，来访者基本都在城市生活，没有什么农村人口，我从业以来遇到的农村来访者屈指可数。具体原因我无从得知，但我猜想，有可能是因为生活在农村的人有其他问题需要优先解决。这就像缺钱的人，肯定不会通过花钱去解决心理问题。毕竟心理咨询对现实问题是没有什么直接帮助的。

另外一个特征是，女性来访者居多。据我所知，行业内女性来访者的比例大概在80%，我的占比会更高一些，能达到90%。这两年，到我这里的性少数群体变多了，还出现了一种新的来访类型——成年的女儿带着妈妈。

不能只说中产人群咨询数增多。随着大家对心理学关注度变高，这几年寻求心理咨询的人的整体数量变多了，随着基数扩大，中产人群咨询数也随之增多。

图 3-49

这篇内容的编辑巧妙地运用了小标题来进行布局。通过使用小标题，观众能够更好地对整体内容形成认知。

小标题起到了组织和划分的作用，将复杂的内容分解为多部分，使内容更加条理清晰。观众可以根据小标题快速地了解每部分的核心主题，便于把握整体结构。

这样的布局方式有助于观众更好地理解和记忆内容，能够提高信息传达的效果。同时，小标题还能吸引观众的注意力，激发他们对特定部分的兴趣，使阅读更加有针对性。

整体而言，运用小标题进行布局是一种有效的编辑手段，能够提升观众对内容的理解和接受程度。

4. 多媒介内容融合

多媒体元素，如图像、图表、视频和音频等，可以使文章更加生动有趣，增强信息的传达效果。图像可以用来展示数据或补充文本内容，图表可以直观地展示统计信息，视频和音频则可以提供更加丰富的感官体验。例如，如果是一篇旅游攻略，可以插入景点的图片和视频，让读者仿佛身临其境。

5. 互动性内容设计

互动性内容可以提高用户的参与度和内容的传播力。在文章中加入问题或调查，鼓励读者在评论区分享他们的想法和经验。此外，可以通过设置互动环节，如小游戏或抽奖活动来增加用户的参与感和乐趣。例如，可以在文章末尾提出一个与内容相关的问题，并邀请读者在评论区回答，以增加互动。

6. 内容长度与受众匹配

文章的长度应该根据目标受众的阅读习惯和内容的性质来确定。对于移动端用户，过长的文章可能会导致阅读中断，因此，适当控制文章的长度，确保信息的精练和高效传达。同时，对于深度分析或教程类内容，可以适当增加长度，以确保详尽地覆盖主题。

7. 内容的原创性和创新性

原创内容是公众号吸引读者的重要法宝。创新的内容角度和独特的观点可以使公众号在众多信息源中脱颖而出。鼓励团队成员进行头脑风暴，挖掘新颖的内容创意，同时保持对行业动态和热点话题的敏感性，以确保内容的时效性和前瞻性。

通过上述策略，你的公众号内容将更具吸引力和专业度，从而在激烈的信息竞争中脱颖而出。记住，内容的呈现不仅仅是视觉上的展示，更是与读者建立联系和传递价值的重要途径。

3.5.5 链接的设置

在微信公众号中，链接的设置是一项关键的技术活动，它不仅能够增强文章的互动性，还能够提升用户的阅读体验，甚至直接促进产品和服务的推广。以下是关于如何在微信公众号中有效设置链接的深入探讨，旨在提供独特且全面的策略。

图 3-50 所示是公众号平台链接的设置，链接可以是文字，也可以是图片，链接的内容可以选取公众号的文章，也可以输入链接。

图 3-50

链接的设置，一般有以下几个注意点，如图 3-51 所示。

图 3-51

1. 链接设置的基本原则

相关性：链接的内容必须与公众号文章的主题紧密相关，确保读者在点击后能够获得预期的信息或服务。

目的性：明确链接的目标，是为了提供更多信息、引导购买行为，还是增强品牌形象。

易用性：链接应该易于点击，尤其是在移动设备上，考虑到用户的触控操作习惯。

安全性：确保链接指向的内容安全可靠，避免引导用户至恶意网站。

合规性：遵守微信平台的相关规定，不违反任何推广和链接设置的规则。

2. 链接内容的选择与优化

内容质量：链接的内容应该是高质量的，无论是文字、图片还是视频，都应保证清晰、准确、有价值。

内容更新：定期更新链接指向的内容，确保信息的时效性和准确性。

内容布局：如果链接指向的是网页，那么网页的布局应该清晰、易于导航，重要内容应该突出显示。

内容互动：鼓励用户在链接页面进行互动，如留言、分享、参与调查等。

3. 链接在文章中的运用策略

自然融入：将链接自然地融入文章的叙述中，避免突兀地插入。

视觉提示：使用不同颜色或字体样式来突出链接，作为视觉上的提示。

引导语：在链接前后加入引导语，如“点击探索更多精彩内容”或“立即参与我们的活动”。

位置选择：根据文章的布局和内容，选择链接的最佳位置。通常，文章中部或结尾部分较为合适。

多样化：不要总是将链接设置在同一位置或以相同的方式呈现，多样化的链接设置可以增加用户的好奇心。

4. 链接效果的监测与分析

数据跟踪：利用微信公众号后台的数据分析功能，跟踪链接的点击次数、用户来源等关键数据。

用户反馈：收集用户对链接内容的反馈，了解用户的满意度和改进意见。

效果评估：定期评估链接的转化效果，如引导用户完成的购买行为、注册数量等。

策略调整：根据数据分析结果，调整链接的设置策略，优化用户引导流程。

5. 链接设置的高级技巧

个性化：根据用户的行为和偏好，提供个性化的链接内容。

动态链接：使用动态链接技术，根据用户的特点和行为动态调整链接指向的内容。

跨平台整合：将微信公众号的链接与其他社交媒体平台或官方网站整合，形成联动效应。

增强现实（AR）链接：尝试使用增强现实技术，为用户提供沉浸式的互动体验。

图 3-52 所示就是一个图片的超链接设置，点击这张图，就能跳转到新的页面去阅读这篇文章。

图 3-52

图 3-53 所示也是一个图片超链接，如果你想查看以上内容，点击图片即可跳转。

图 3-53

需要注意的是，超链接不仅仅可以链接自己公众号的内容，还可以链接其他公众号的内容。

公众号链接的设置是一门艺术，也是一种科学。通过精心设计和不断优化，链接可以成为提升公众号内容价值和用户互动的强大工具。

记住，每一次点击都是与用户建立联系的机会，每一条链接都是传递价值的桥梁。通过上述策略的实施，你将能够有效地提升公众号的用户体验，增强内容的吸引力，最终实现公众号运营的目标。

3.6 内容的丰富与优化

公众号内容的丰富与优化是一个持续的过程，旨在提升用户体验、增加用户黏性并提高内容的传播力，以下是一些关键策略，如图 3-54 所示。

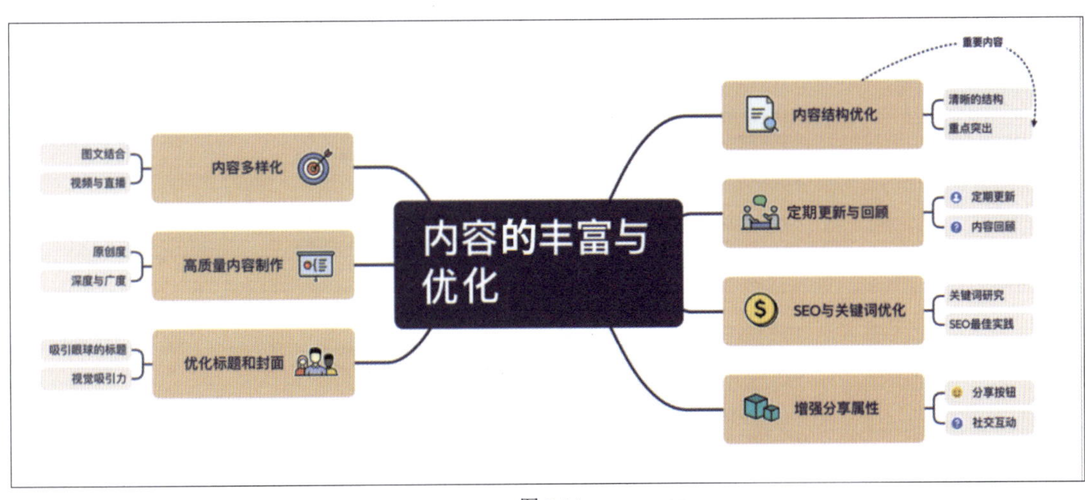

图 3-54

1. 内容多样化

图文结合：使用高质量的图片和有趣的文字描述，提高内容的吸引力。

视频与直播：尝试制作视频内容或进行直播，为用户提供新的互动体验。

如图 3-55 所示的公众号，有客户咨询新能源汽车应该如何选择，所以该公众号直接视频直播，并且测试，给了前端的读者最有价值的评价。

2. 高质量内容制作

原创性：坚持原创内容，提供独特的视角和见解。

深度与广度：在保持内容广度的同时，深入挖掘特定主题，提供深度分析。

3. 优化标题和封面

吸引眼球的标题：创作简洁、有力、能够激发好奇心的标题。

视觉吸引力：设计有吸引力的封面图片，使用户在浏览时更容易点击。

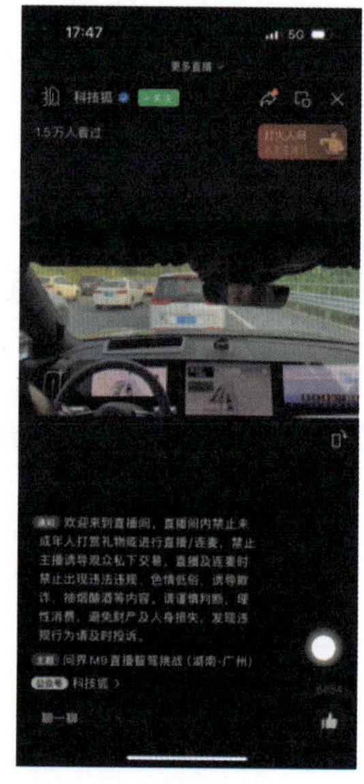

图 3-55

（此截图来源于公众号“科技狐”）

图 3-56 所示的标题是一篇关于小孩教育相关的选题，在大众的印象中，小孩就是不能玩手机的，但是它开篇的主题立意就很特别：为什么不能禁止小孩玩手机？前端读者第一眼就被吸引了。

我们再来看其中的内容，深度分析了自己的观点，并且提出完全一刀切是不可行的，如图 3-57 所示。

这篇文章选的图片也是完全和自己的标题相契合，这样的内容也获得了七万多的阅读量。

为什么不能禁止孩子玩手机？建议看看这篇文章

阅读 7.2万 赞 407

图 3-56

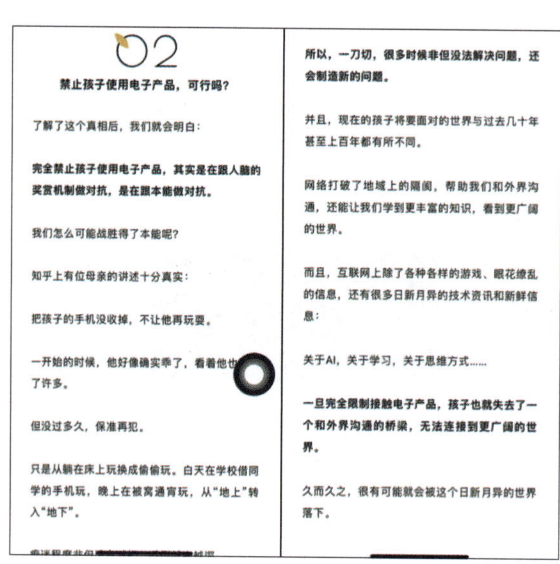

02

禁止孩子使用电子产品，可行吗？

了解了这个真相后，我们就会明白：

完全禁止孩子使用电子产品，其实是在跟人脑的奖赏机制做对抗，是在跟本能做对抗。

我们怎么可能战胜得了本能呢？

知乎上有位母亲的讲述十分真实：

把孩子的手机没收掉，不让他再玩耍。

一开始的时候，他好像确实乖了，看着他也了许多。

但没过多久，保准再犯。

只是从躺在床上玩换成偷偷玩。白天在学校借同学的手机玩，晚上在被窝通宵玩，从“地上”转入“地下”。

所以，一刀切，很多时候非但没法解决问题，还会制造新的问题。

并且，现在的孩子将要面对的世界与过去几十年甚至上百年都有所不同。

网络打破了地域上的隔阂，帮助我们和外界沟通，还能让我们学到更丰富的知识，看到更广阔的世界。

而且，互联网上除了各种各样的游戏、眼花缭乱的信息，还有很多日新月异的技术资讯和新鲜信息：

关于AI，关于学习，关于思维方式……

一旦完全限制接触电子产品，孩子也就失去了一个和外界沟通的桥梁，无法连接到更广阔的世界。

久而久之，很有可能就会被这个日新月异的世界落下。

图 3-57

（此截图来源于公众号“青年文章”）

4. 内容结构优化

清晰的结构：使用清晰的小标题、列表和段落划分，使内容易于阅读和理解。

重点突出：通过加粗、斜体、颜色高亮等方式，突出内容中的关键信息。

图 3-58 所示是一篇关于手机摄影的介绍，作者为了更好地讲解手机拍摄的功能，用标题将整个内容划分成几段，这样我们前端的读者读起来会条理更加清晰。

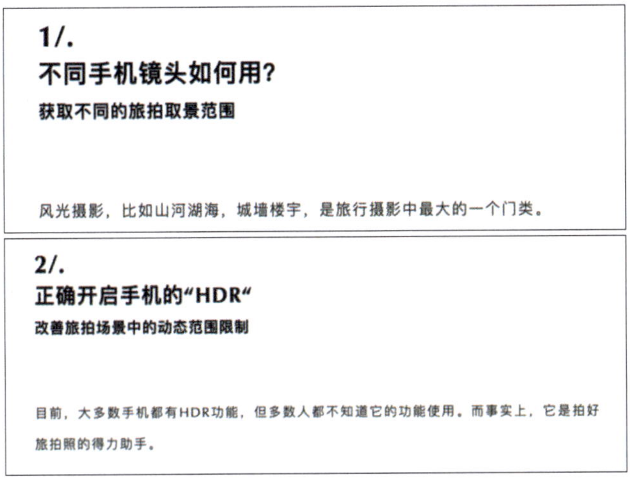

1/.
不同手机镜头如何用?
获取不同的旅拍取景范围
风光摄影，比如山河湖海，城墙楼宇，是旅行摄影中最大的一个门类。
2/.
正确开启手机的“HDR“
改善旅拍场景中的动态范围限制
目前，大多数手机都有HDR功能，但多数人都不知道它的功能使用。而事实上，它是拍好旅拍照的得力助手。

图 3-58

5. 定期更新与回顾

定期更新：保持内容的新鲜度，定期发布新内容。

内容回顾：定期回顾旧内容，更新过时信息，删除低质量内容。

6. SEO 与关键词优化

关键词研究：研究并使用目标用户可能搜索的关键词，提高内容的搜索可见性。

SEO 最佳实践：遵循搜索引擎优化的最佳实践，包括合理布局关键词、优化图片和链接等。

7. 增强分享属性

“分享”按钮：在内容中添加明显的“分享”按钮，鼓励用户将内容分享到朋友圈、微信群等社交平台。

社交互动：在内容中加入话题标签，参与热门话题讨论，提高内容的社交曝光度。

如图 3-59 所示的公众号，作者就是在分享处额外增加了一张图片，并且引导大家去点赞，这就大大提高了这个账号的曝光度。

等你点亮这里
阅读 6.4万
日食记
分享
收藏
52
161

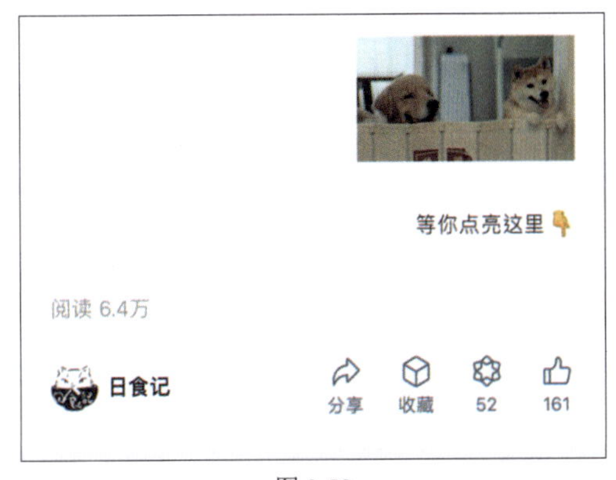

图 3-59

通过上述策略的实施，你的公众号内容将更加丰富、有吸引力，并且能够更好地满足用户的需求，从而在竞争激烈的内容市场中脱颖而出。

接下来，结合以上讲的内容来演示公众号具体应该怎么写。

标题:“低配”的你做到这几点照样可以过上高配的人生。

我们大部分人都是普通人，有普通的家庭、普通的学历、普通的工作，过着普通的生活。但是我们可以通过做到以下几点过上高配的人生。

……

具体如表 3-1 所示。

表 3-1

内容	点评
标题:“低配”的你做到这几点照样可以过上高配的人生	使用一个独特的观点作为标题，吸引读者的注意
我们大部分人都是普通人，有普通的家庭、普通的学历、普通的工作，过着普通的生活。但是我们可以通过做到以下几点过上高配的人生	通过一段话来描述目前大部分人的现状，以此引入你的观点
1. 多阅读……	这部分可以展开写一些，300~400 字左右，并且最后做一个总结
2. 多出去看看……	这一部分也可以展开，300~400 字左右，并且最后可以再次做一个总结
3. 向上社交……	这个观点，我可以继续展开，讲一讲向上社交的优势，最后再做一个总结
普通女孩，只要做到以上几点，你的人生就会发生翻天覆地的变化	最后做一个总结

这是一个公众号的完整的模式，当然，我们还可以插入图片，让读者阅读起来更加轻松。

我们在写任何一个公众号时，都可以参照这样的框架来写。

3.7 公众号几大成长方式

3.7.1 广告收入

在微信公众号中插入广告是一种有效的盈利手段，但也需要精心策划以保持读者的阅读体验，广告不能过分突兀，需要与内容相关联，如图 3-60 所示。

图 3-60

3.7.2 电商带货

公众号现在也开启了直播带货模式，你的公众号有了一定的影响力之后，就可以开启电商直播带货，如图 3-61 所示。

图 3-61

3.7.3 知识付费

当你在某个特定领域具备扎实的专业知识时，便拥有了一个宝贵的机会。

你可以考虑在公众号平台，巧妙地植入你自己的课程内容，如图 3-62 所示。

图 3-62

通过公众号，你能够将专业知识以更广泛的方式传播出去。当然，你也可以选择与他人合作开展课程，共同整合资源，发挥各自优势。

这样的合作能够带来更多的创意和多样性，丰富课程的内容和形式。无论是独自推出课程还是合作推出课程，都需要充分发挥自己的专业能力，精准把握目标受众的需求，制订出具有吸引力和实用性的课程计划，以实现成长的目的。

3.7.4 打赏

当你的内容能够解决读者的某个问题，或者对读者有用时，你可以在你的公众号下面开启打赏模式，这也是公众号赚取收入的方式之一，如图 3-63 所示。

图 3-63

以上就是公众几种常见的主流成长方式。

第 4 章 ▶▶ 小说写作与成长

“

写小说既是一种创造性的表达，也是一条潜在的盈利之路。在当今的互联网时代，将创意编织成故事并从中获益的方式多种多样。本章将介绍如何精磨你的写作技艺，将想象变为扣人心弦的小说，并探讨如何通过多种渠道将这些故事成长。我们会一起审视小说创作的策略，并讨论如何利用现代平台和商业模式实现你的写作梦想，同时获得经济上的回报。让我们开始这段既激发创造力又富有实践意义的探索之旅。

”

4.1 小说家的财富之路

下面和大家分享我自己的故事。

曾经，我作为一名从业十年的证券金融人员，见证了这个行业的辉煌与低迷。然而，因为一些特殊的原因却将我持续性地困在家里。那一刻，我深知不能坐以待毙，必须展开自救。

经过深思熟虑的两个晚上，我毅然决定尝试写网文小说。这对我来说是一个全新的领域，充满了未知与挑战。起初的投稿之路并不顺遂，我遭到了众多编辑的拒绝，收到了十几封拒稿邮件，这无疑是对我信心的巨大打击，如图 4-1 所示。

但是我并没有就此放弃，我进行了最后一次的调整，精心打磨自己的作品。这一次，我终于成功过稿，开启了自己的网文写作之路。

我人生中的第一本小说，上了网站的推荐后，竟登上了新书榜的前 5 名，如图 4-2 所示。这个成绩让我备受鼓舞，也更加坚定了我在这条道路上继续前行的决心。此后，我持续创作，不断积累经验，每一部作品都倾注了我的心血。

图 4-1

图 4-2

随着时间的推移，我的努力渐渐得到了回报，2024 年 1 月，我的事业又迎来了新的突破。我成功卖出了游戏版权和广播剧版权，还签约了图书出版，更受网易公开课的邀请，成为了他们的特约讲师。这一系列的成就让我感到无比自豪。

对于图 4-3 所示的这款游戏，我担任了整个游戏策划，并且完成了整个游戏剧本的创作。

图 4-3

广播剧《我的双面老公》在漫播的首页推荐，如图 4-4 所示。

图 4-4

（截图来源于网易公开课）

图 4-5

通过写作，我成功走上了自由职业的道路，如图 4-5 所示。这不仅让我拥有了更多的自由和掌控权，还让我有更多的时间和精力去追求自己真正热爱的事情。

回顾这一路走来，我感慨万分。从证券金融到网文写作，这是一个巨大的转变。在这个过程中，我也得到了许多宝贵的经验和教训。

我也希望能够通过自己的经历，鼓励更多的人勇敢追求自己的梦想。无论前方道路如何曲折，只要我们有决心、有毅力，就一定能够实现自己的目标。

让我们一起怀揣着梦想，勇往直前，创造属于自己的辉煌人生！

4.2 小说成长的方式与特点

小说的价值不仅仅在于它所传递的故事和情感，还在于其能够转化为实际的经济收益。下面介绍小说成长的方式与特点。

4.2.1　小说的几大成长路径

小说成长是创作者将文学创作转化为经济收益的过程。随着出版业的发展和互联网的普及，小说成长的方式日益多样化，为作家提供了更多的选择和机会。

图 4-6 所示是关于小说成长的方式与特点的详细分析。

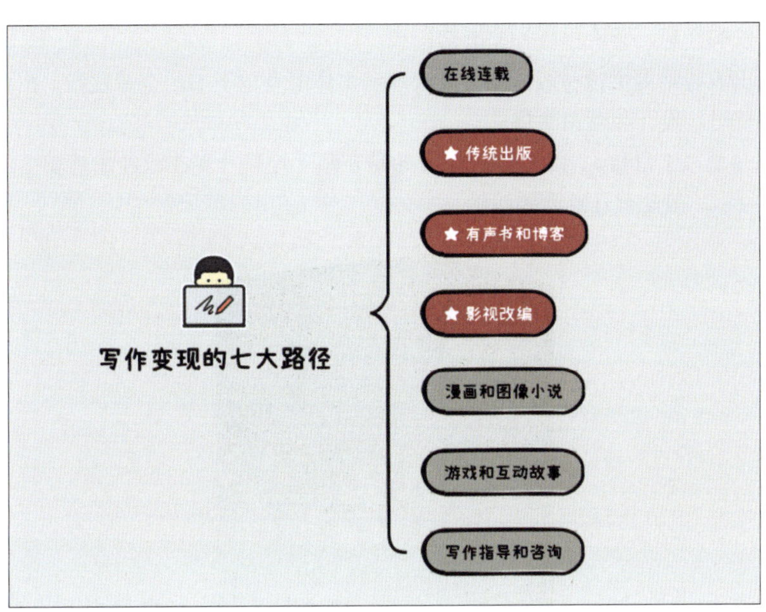

图 4-6

1. 在线连载

方式：在番茄、七猫、飞路、晋江等网络平台连载小说，通过读者打赏、订阅或广告收入获利，如图 4-7 所示。

图 4-7

（截图来源于晋江文学城：小说名《归路》）

特点：在线连载可以迅速吸引读者群体，建立粉丝基础，但收入可能不稳定，依赖于读者的持续参与和支持。

一般来说，小说的收益与字数和阅读人数之间存在着正比例关系，这意味着，当你创作的小说字数增加时，往往可能会带来更高的收益。

首先，字数较多的小说可以提供更丰富的情节和更深入的角色发展，满足读者对于故事的期待和需求。这使得读者更容易沉浸在故事中，从而增加他们对小说的喜爱和关注。

随着字数的增加，小说的内容也更加充实，能够涵盖更多的主题和情节线索。这为读者提供了更多的阅读价值，使他们更愿意为这样的作品付费。

另一方面，阅读人数的多少也对小说的收益产生重要影响，当有更多的人阅读你的小说时，收益也会相应增加。这是因为大量的读者意味着更大的市场和更多的消费群体。

2. 传统出版

方式：小说发表之后，会有出版社来联系出版。

特点：传统出版通常提供预付版税、版权管理和实体书及电子书的全球发行，出版社会为作家提供专业的编辑、校对、设计和营销支持。

相信大家都知道《芈月传》，这本小说一开始是在网上连载，现在已经成功卖出中国大陆出版的版权，如图 4-8 所示，但是有几点需要明确。

图 4-8

（截图来源于百度图片）

明确版权细分至关重要，有的网站会将出版版权细分为中国大陆、港澳台、亚洲及欧美等不同领域。这种细分使处理版权事务更谨慎精确。作者与出版商须了解各地区出版市场特点与需求，因不同地区文化背景、读者喜好与市场规则各异。

与不同地区出版商合作时，合同条款应明确各方权利义务，包括版权使用范围、期限与收益分配等，针对中国大陆出版，需适应其市场特点与法规要求，可能要进行适当编辑审查以符合当地出版标准。

作者需充分考虑各地区特点与需求，合理规划版权出售，以实现作品在不同地区的最佳传播与盈利。

通过精细化的版权管理与运营，最大限度提升小说的商业价值，实现作者的成长目标。

图 4-9 所示的这本小说，作者卖出了多个版权，单靠电影版权，作者就赚了 7 位数的收益。

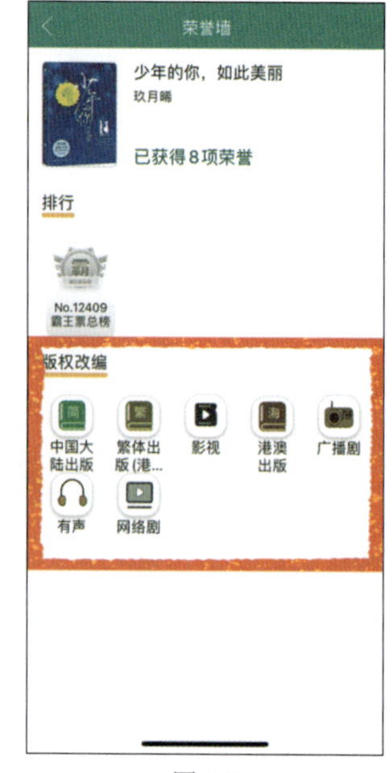

图 4-9

（截图来源于晋江小说网玖月晞作品《少年的你，如此美丽》）

3. 有声书和播客

方式：将小说改编成有声书或播客，通过喜马拉雅等有声平台发布。

特点：有声书和播客为小说提供了另一种消费形式，尤其受到通勤者和视觉障碍人士的欢迎。

图 4-10 所示的就是将小说改编成有声小说，并在后期设置付费模式，成为了作者获取收益的一种重要方式。

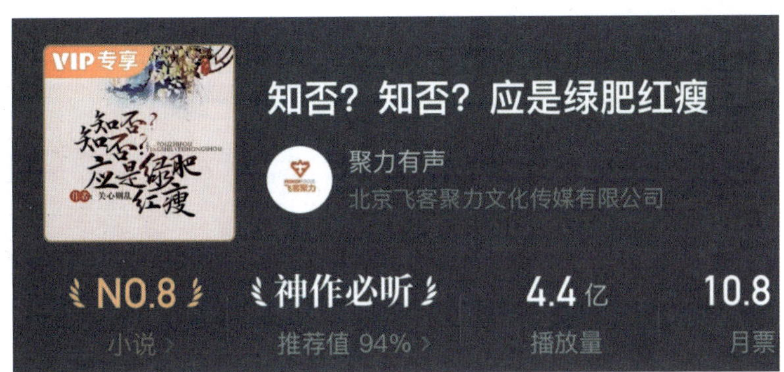

图 4-10

（截图来源于喜马拉雅 App，小说《知否？知否？应是绿肥红瘦》）

这种方式为作者带来了多方面的好处。首先，有声小说扩大了作品的受众群体。那些可能没有时间或习惯阅读文字的人，通过收听有声小说，能够接触到这部作品。

有声小说的付费模式为作者提供了稳定的收入来源。这不仅是对作者创作努力的一种回报，也激励他们继续创作出更多优秀的作品。

对于听众来说，付费获取有声小说也有其价值。他们可以享受到高质量的音频体验，避免广告的干扰。

4. 影视改编

方式：将小说改编成电影、电视剧或网络系列剧。

特点：影视改编可以带来巨大的经济收益和知名度提升，但过程复杂，需要与制片方、编剧和导演合作，还可能涉及版权出售或分成。

近年来，小说被改编成影视剧的现象日益增多，其中宫斗剧《甄嬛传》就是根据作者流潋紫《后宫·甄嬛传》的原创小说改编而来，如图 4-11 所示。

在这个过程中，影视版权成为了作者获取收入的重要来源，甚至可以说是大头。优秀的小说作品本身就拥有庞大的粉丝基础，将其影视版权出售，能够为作者带来丰厚的回报。

以《甄嬛传》为例，其成功的改编不仅让原作粉丝看到了心中故事的精彩呈现，也让作者通过影视版权获得了可观的收入。

随着现代影视技术的不断发展，小说的可视化呈现拥有了更多可能。这使得影视版权的价值进一步提升，成为了作者实现经济利益的关键。

对于作者来说，出售影视版权不仅可以获得一次性的高额收入，还可能带来持续的收益。例如，后续的重播、周边产品开发等都可能为作者带来额外的经济回报。

在影视领域，许多优秀的作品直接被改编成了电影，电影《三大队》便是根据深蓝的《请报告局长，三大队任务完成了》原著小说改编而来，如图 4-12 所示，这只是众多成功案例中的一个。事实上，还有大量的作品都被改编成了影视剧，为观众带来了丰富多样的视觉体验。

如今，对于普通人来说，也有了投稿影视化的机会，那就是短剧。短剧以其短小精悍、情节紧凑的特点，吸引了越来越多观众的关注。这为广大的创作者提供了一个展示才华的平台。

秒dong百科
39.4万播放 | 00:53
简介 一分钟了解《后宫·甄嬛传》
后宫·甄嬛传
流潋紫创作的长篇网络小说
本词条是多义词，共3个义项
特色词条
其他贡献者
《后宫·甄嬛传》是当代网络作家吴雪岚（流潋紫）创作的长篇小说，第一版共七册，于2007年至2009年，陆续出版。[1]

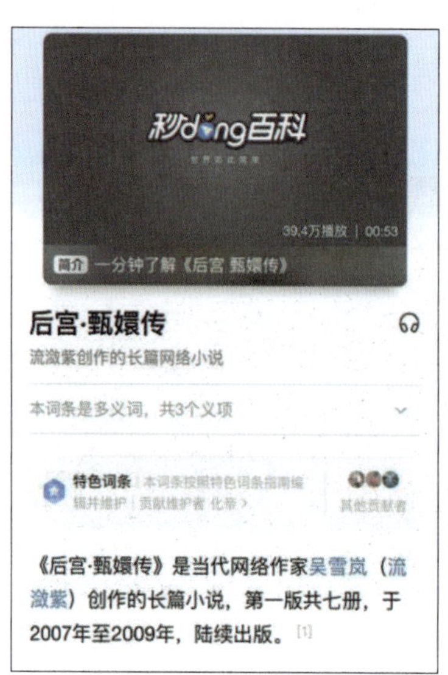

图 4-11

（截图来源于百度百科）

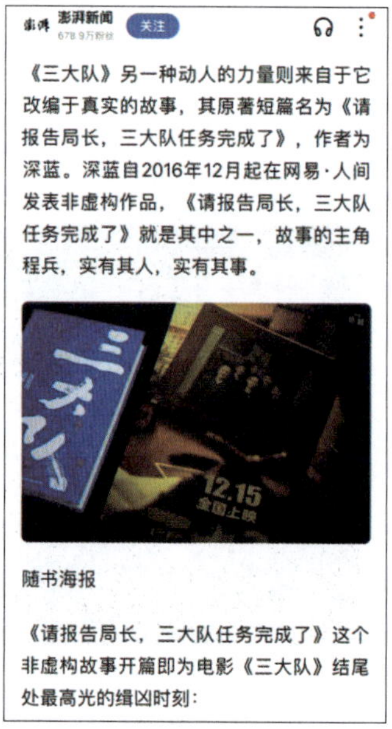

澎湃新闻
关注
《三大队》另一种动人的力量则来自于它改编于真实的故事，其原著短篇名为《请报告局长，三大队任务完成了》，作者为深蓝。深蓝自2016年12月起在网易·人间发表非虚构作品，《请报告局长，三大队任务完成了》就是其中之一，故事的主角程兵，实有其人，实有其事。
12.15
全国上映
随书海报
《请报告局长，三大队任务完成了》这个非虚构故事开篇即为电影《三大队》结尾处最高光的缉凶时刻：

图 4-12

（截图来源于澎湃新闻）

相比传统的影视作品，短剧的制作周期相对较短，成本也较为可控。这使得更多的普通人有机会参与影视创作中来，实现自己的成长梦想。

后续，我们将会专门探讨短剧剧本的创作，包括如何构建引人入胜的情节、塑造鲜明的人物形象，以及把握短剧的节奏和张力等方面。通过深入了解短剧剧本的创作要点，创作者能够更好地把握这个新兴领域的机遇，发挥自己的创意和才能。

5. 漫画和图像小说

方式：将小说改编成漫画书或图像小说，与艺术家合作进行视觉呈现。

特点：漫画和图像小说可以吸引更年轻的读者群体，通过视觉故事讲述增加作品的吸引力。

晋江言情大神竹已的《难哄》被成功改编成了动漫，这不仅让作品以全新的形式呈现给了读者，也为作者带来了漫画版权的收入，如图 4-13 所示。

难哄
竹已
已获得17项荣誉
荣誉
年度盘点
vip强推
排行
No.144
分站金榜
No.45
频道金榜
No.179
霸王票总榜
版权改编
中国大陆出版
广播剧
电视剧
网络剧
漫画
繁体出版(港...
有声
动态漫画
亚洲出版
电影

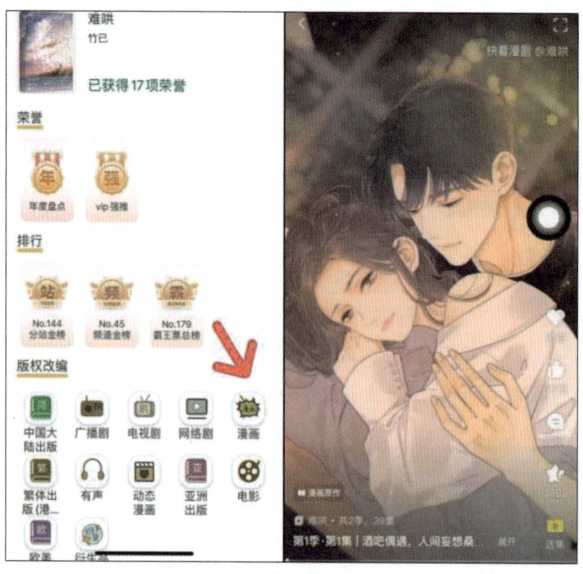

图 4-13

这部作品在晋江文学城广受欢迎，其深厚的粉丝基础为动漫改编奠定了坚实基础。改编后的动漫，以其精美的画面和生动的角色形象，进一步丰富了故事的表现力。

对于作者而言，获得漫画版权收入是对其创作成果的肯定和回报，这也激励着他们继续创作出更多优秀的作品，同时也为整个文学和动漫产业的发展注入了新的活力，读者能够通过不同的媒介形式更加深入地体验和感受作品的魅力。

6. 游戏和互动故事

方式：将小说改编成电子游戏或互动故事应用。

特点：游戏和互动故事提供了沉浸式的体验，可以创造新的收入来源。

《我逆袭成顶流》这个游戏全程是由我精心策划的，它的诞生倾注了我大量的心血，如图 4-14 所示。

图 4-14

（截图来源于易次元《我逆袭成顶流》）

如今，越来越多的网文小说都被成功改编成了游戏，这一现象不仅为游戏市场注入了新的活力，也大幅度增加了作者的收入。

对于作者来说，他们的作品通过游戏的形式得到了更广泛的传播，受众群体也进一步扩大。

对于游戏玩家而言，他们能够在游戏中体验到小说中的精彩情节，获得更加丰富的娱乐体验。

这种改编形式既实现了双赢，也让我深感自己的策划工作充满了意义和价值。

7. 写作指导和咨询

方式：作家提供一对一的写作指导或咨询服务。

特点：作为写作教练，作家可以利用自己的专业知识帮助他人提高写作技能，同时也是一种稳定的收入来源。

现在很多作家都会有自己专门的一对一的写作指导服务，我自己也会带学生去写网文小说，每个学生的评价都很高。

作家冯唐以其独特的见解和深入浅出的讲解风格，专门投身于《资治通鉴》课程的讲授之中。

他凭借着自己丰富的知识储备和深厚的文学造诣，对这部经典著作进行了深入剖析。其课程内容丰富多样，涵盖政治、历史、文化等方面，如图 4-15 所示。

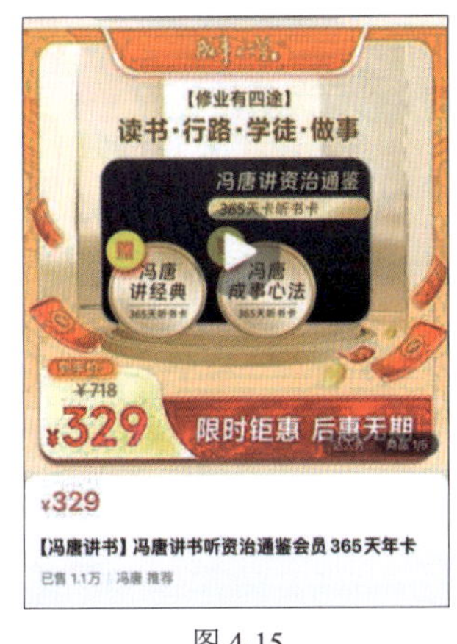

图 4-15

冯唐的讲解方式生动有趣，引人入胜，不仅实现了自己的专业知识成长，更使得这门课程在市场上广受好评。众多读者和学者纷纷对他的课程给予高度评价，认为他的讲解为人们理解和欣赏《资治通鉴》提供了新的视角和思路。

小说成长的方式多种多样，每种方式都有其独特的优势和挑战。作家在选择成长途径时应考虑自己的创作目标、市场需求和个人能力。

通过多元化的成长策略，作家不仅可以实现经济上的收益，还可以提升个人品牌和扩大作品的影响力。在这个过程中，保持创作的热情和对作品质量的坚持是成功的关键。

4.2.2 小说成长的关键因素

在当今的文学市场中，小说成长成为了许多作家追求的目标。然而，要实现这一目标并非易事，需要掌握一些关键因素，如图 4-16 所示。

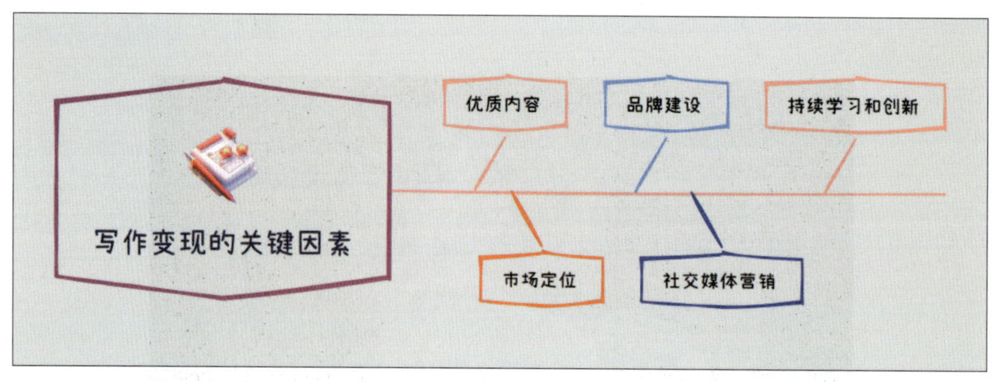

图 4-16

1. 优质内容

无论采用何种成长方式，小说本身的质量至关重要。一部内容优质、情节引人入胜的小说更容易吸引读者的关注。高质量的小说具备的特点：具有独特的主题和情节，能够引发读者的共鸣；具备生动的角色形象，让读者产生情感上的联结；拥有流畅的文字表达，使读者能够沉浸其中。只有这样的小说才能在众多作品中脱颖而出，提高成长的可能性。

2. 市场定位

了解目标读者的需求和喜好对于创作至关重要。通过深入研究目标读者的群体特征、兴趣爱好和消费习惯，作者可以根据市场定位进行有针对性的创作。这样的作品更符合读者的期待，能够提高小说在市场中的竞争力和成长能力。例如，针对年轻读者的流行题材，如青春校园、奇幻冒险等，更容易吸引他们的关注。

3. 品牌建设

通过打造个人品牌，作者可以提高自己的知名度和影响力，包括建立独特的创作风格、树立个人形象和品牌标识等。一名具有鲜明个性和良好口碑的作者更容易吸引读者的关注和认可。此外，积极参与各种文学活动、与读者进行互动，也有助于提升作者的品牌影响力。

4. 社交媒体营销

现在是一个人人自媒体的时代，酒香也怕巷子深。

读者可以利用社交媒体平台进行宣传和推广小说，例如发布精彩的片段和章节；或者建立自己的一些公众号、抖音号、微博号等，与读者进行互动，回答他们的问题和评论，建立良好的读者关系；参与相关的话题讨论，提高作品的知名度。

5. 持续学习和创新

小说市场不断发展变化，读者的需求也在不断演变，作者需要不断学习新的创作技巧和营销方法，以保持作品的新鲜感和吸引力。

每一个时期的读者对于小说的内容需求都是不一样的，因此，我们要保持创新意识，尝试不同的创作风格和题材，以适应市场的变化。

做到以上几点，你就可以通过写网文小说来成长。

4.2.3 成长渠道的特点与周期

1. 在线连载

新手写小说，其成长周期相对较短。一般来说，只需开头撰写 1~2 万字，随后进行投稿。一旦正式与网站签约，便可获得相关收益。这对于新手来说是极具吸引力的。首先，相较于其他创作形式，写小说的门槛相对较低。通过简短的篇幅，新手可以展示自己的创意和才华。其次，投稿后与网站签约的过程，也为他们提供了一个快速获得收益的机会。

图 4-17 所示是我的一个学生的收益，一天的收益就达到了 200 多元，所以，在线连载获取收益是最适合新人的。

图 4-17

2. 出版图书

特点：一旦作品成功出版，作者就能获得长期且稳定的收益。在正式出版之前，出版社有两种支付方式。其一，可一次性买断版权，这意味着作者将一次性获得报酬；其二，选择以版税的形式支付稿费，即根据书籍的销售量来获取收益。这种方式使作者的利益与作品的市场表现紧密相连，如图 4-18 所示。

图 4-18

周期：出版周期通常为 3~6 个月。在此期间，作者需经历多个环节，包括但不限于与出版社的沟通协商、对作品的修订完善等，这一过程需要作者具备耐心和专业素养。

3. 广播剧

特点：广播剧具有制作成本相对较低的特点，这为更多故事的呈现提供了机会。它以声音为主要表现形式，激发了读者的想象力，让他们在脑海中构建出丰富多彩的画面。这种独特的表现方式，使听众能够更深入地沉浸在故事之中，如图 4-19 所示。

周期：整个过程因项目的规模和复杂程度不同而有所差异。可能需要数月，甚至更长时间才能完成。其中，剧本改编是关键环节之一，需要对原著进行精心改编，以适应广播剧的表现形式。而声音录制环节同样重要，演员的演绎和声音效果的呈现，直接影响广播剧的质量和吸引力。为了确保作品的成功，这两个环节都需要精心制作，以带给听众高质量的听觉体验。

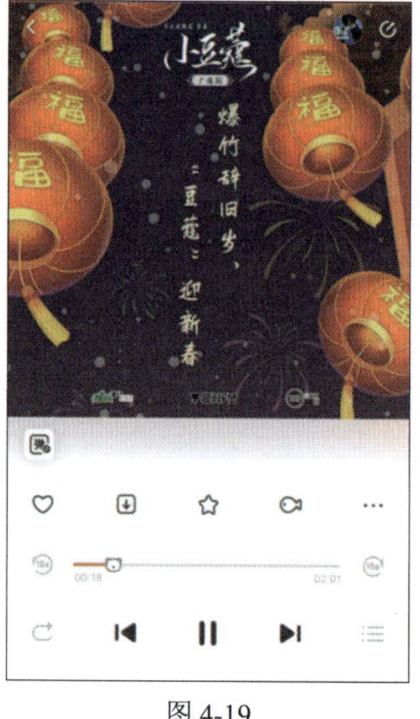

图 4-19

4. 影视版权

特点：小说影视化具有诸多特点，其中显著的一点是能为作者带来更高的经济效益。这不仅涵盖影视版权收入，还可能涉及票房收益、广告收益等方面的回报。此外，影视化还能提升小说的知名度和影响力，进一步扩大其商业价值。

周期：整个影视化过程相对较长。这是因为它涉及多个关键环节，例如剧本的创作与打磨、演员的选角、拍摄工作的开展以及后期的制作等。每个环节都需要精心策划和执行，以确保最终作品的质量和效果。在这个过程中，需要各方人员的协同合作，并投入大量的时间和精力。

4.3 写小说之前的几大准备

4.3.1 分析市场

在开始写小说之前，对市场进行深入分析是至关重要的。这一环节不仅能够帮助作者更好地了解读者的需求和喜好，还能为作品的成功打下坚实的基础。

首先，了解市场趋势能够让我们把握当前读者的兴趣点，通过对热门题材的研究，我们可以发现哪些类型的小说受到广泛关注，哪些元素能够吸引读者的目光。

例如，近年来奇幻、科幻、言情等题材在市场上具有较高的人气，了解这些趋势可以帮助我们在创作时融入相关元素，增加作品的吸引力。

大家在小说网站中粗略地看一下，就能知道哪些题材是最受大家欢迎的，如图 4-20 所示。

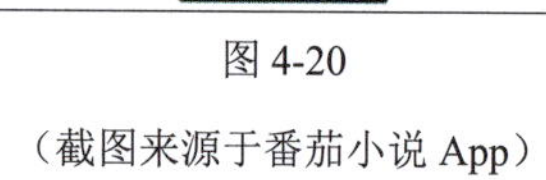
图 4-20

（截图来源于番茄小说 App）

接下来，考虑目标读者的需求是分析市场的重要方面，不同年龄段、性别、兴趣爱好的读者对小说的需求也各不相同。

例如，年轻读者可能更喜欢轻松幽默、富有想象力的作品，成熟读者则可能更倾向于深度思考、富有内涵的小说。了解目标读者的特点和需求，能够让我们更好地定位自己的作品，满足读者的期望。

当然为了更全面地了解市场，我们可以采取以下方法，如图 4-21 所示。

1. 数据分析法

收集数据：获取小说的销售数据和点击量。

市场份额分析：研究不同类型和题材小说的市场份额及其趋势。

读者偏好：分析读者偏好和需求的变化。

2. 读者调查法

直接调查：通过问卷和访谈了解读者喜好。

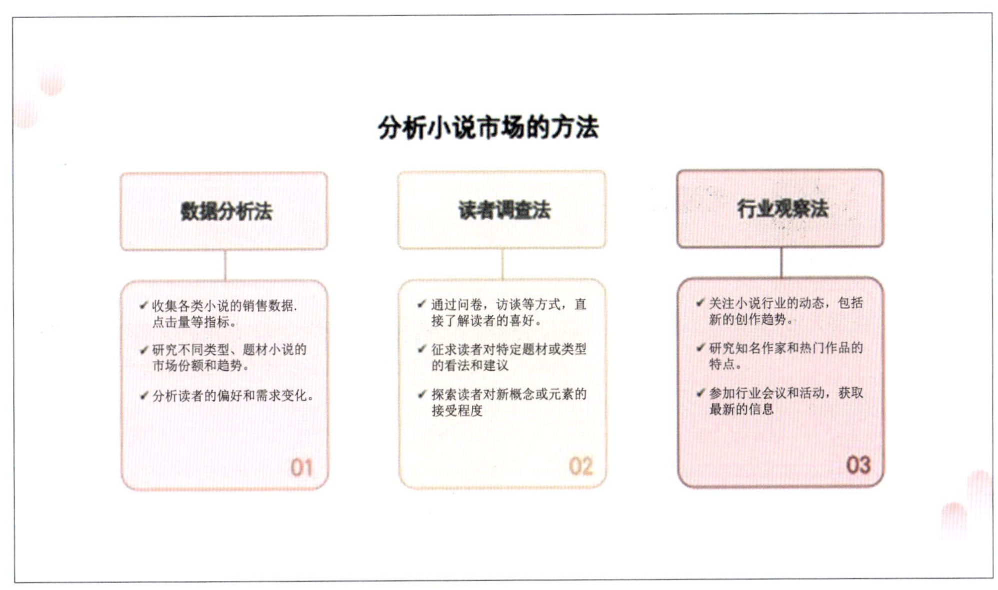

图 4-21

收集意见：征求读者对特定题材或类型的看法。

新概念测试：探索读者对新概念或元素的接受程度。

3. 行业观察法

行业动态：关注小说行业的最新动态和创作趋势。

作家和作品研究：研究知名作家和热门作品的特点。

行业交流：参加行业会议和活动以获取最新信息。

通过对市场的深入分析，我们可以更好地把握市场需求，明确自己的创作方向，提高作品的成功率。

4.3.2 确定写作题材

网文小说里面有非常多的题材，新人要做的第一步就是选择一个适合自己并且非常容易上手的题材。接下来给大家介绍具体的题材。

言情题材：讲述浪漫爱情故事，例如《微微一笑很倾城》《何以笙箫默》等，如图 4-22 所示。

图 4-22

奇幻题材：以独特设定和魔法元素为特色，讲述主角在神秘世界中的冒险与成长故事，例如《斗破苍穹》《择天记》等，如图 4-23 所示。

武侠题材：描绘充满侠义和武功的江湖世界中人物的恩怨情仇与侠义精神，例如《有匪》，如图 4-24 所示。

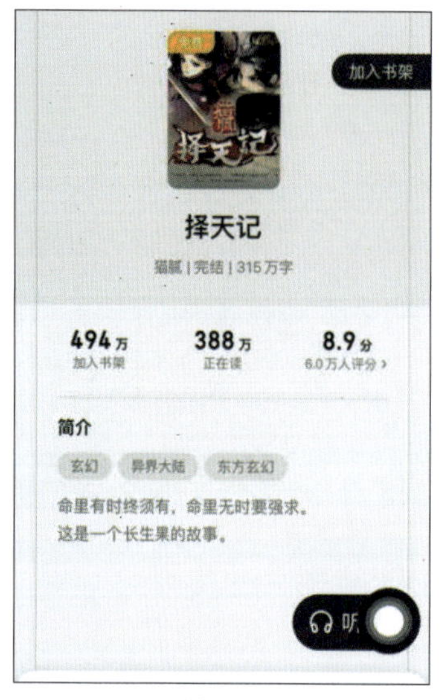

图 4-23

图 4-24

科幻题材：科幻题材以科学幻想为基础，描绘未来世界、科技发展和人类命运，例如《银河帝国》、《三体》等，如图 4-25 所示。

仙侠题材：仙侠网文小说讲述凡人在仙魔世界中修炼成长、历经劫难的传奇故事，例如《花千骨》《香蜜沉沉烬如霜》等，如图 4-26 所示。

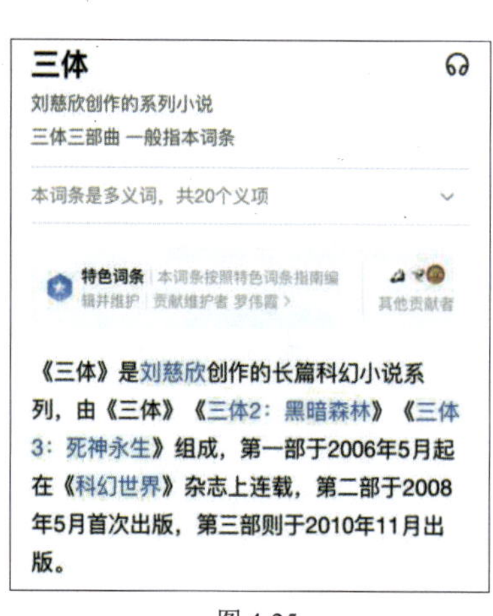

图 4-25

（截图来源于百度词条）

图 4-26

（截图来源于百度）

网文小说的题材多种多样，除了常见的重生、穿越、军事等题材，还有玄幻、都市、历史等题材。

在确定题材后再下笔至关重要，不同的题材有其独特的特点和受众群体。重生题材能让主角带着前世记忆重新开始，改变命运；穿越题材则可使主角跨越时空，体验不同的世界；军事题材通常充满紧张刺激的情节。

明确题材后，作者能更好地把握故事的核心元素，深入挖掘主题，使情节更紧凑、逻辑更严密。同时，也能根据目标受众的喜好，进行针对性创作，提高作品的吸引力和影响力。

4.3.3 拟定大纲

小说大纲是小说创作的重要开始，它为作者提供了故事的整体框架和方向。

写小说大纲，首先明确主题和基本情节，简述故事背景、主要人物和目标，梳理出起承转合的关键事件，安排冲突与解决，确定故事高潮和结局。

下面介绍一个大纲的具体案例。

主题：爱情的力量能够战胜一切困难和障碍。

背景：故事设定在一个繁华的现代都市，两位主人公在竞争激烈的职场中邂逅。

主角：

- 女主角：一位独立而坚强的职业女性，对爱情既渴望又持怀疑态度。
- 男主角：一位表面冷漠、内心热情的成功企业家。

冲突：主人公们不仅在职场上遇到竞争和困难，如对手的策略干扰，还要面对来自家庭的反对和误解。

配角：

- 女主角的闺蜜：女主角的知心好友，经常在关键时刻提供支持和建议。
- 男主角的商业伙伴：与男主角并肩作战，共同应对商业挑战。

情节线索：

- 明线：跟随男女主角之间的爱情逐渐升温，面对重重困难逐步坚定。
- 暗线：揭示男主角背后的商业危机及其解决过程。

故事结构：

- 开端：男女主角在一次重要的商务活动中初次相遇，并对彼此留下了难以忘怀的印象。
- 发展：随着在职场的深入合作，两人开始发现彼此的优点，感情逐步萌芽，同时也面临来自各方面的考验和障碍。
- 高潮：在面对一系列挑战和误解后，两人终于理解并确认了对方的重要性，决定共同面对未来。
- 结局：他们共同解决了最后的障碍，终于克服一切，走到了一起。

章节划分：故事按照情节发展的自然过程，分为若干章节，每一章节都围绕主要情节推进和角色发展进行布局。

通过这样的大纲，作者可以清晰地把握故事的整体方向，使创作更加顺利。

下面给大家一份小说的大纲模板，大家按照这个模板去填入内容就行，如图 4-27 所示。

写小说大纲时，还需要注意以下几点。

- 保持简洁明了，避免过于复杂的描述。大纲的作用是为了让我们自己清晰地知道接下去的故事应该怎么去发展，我们只需要将整个故事的发展写出来即可，不需要添加很多过于复杂的描述。
- 突出重点，明确故事的核心情节和冲突。小说中比较重要的核心点就是冲突，你必须要知道，你的整个故事里面最大的冲突和矛盾是什么，要把重点的内容放到读者面前，这样读者才能了解你的整个故事。

- 灵活调整，大纲不是一成不变的，可以根据创作过程中的实际情况进行修改。

大纲提要		
书名		
一句话简介		
大致剧情概括		
预计字数		
主要故事线		
男女主感情线		
女主VS男二感情线		
男主事业线		
男二事业线		
女主VS女配斗争线		
支线		
时代背景变化线		
男主VS女配感情线		
主要配角事业线1		
主要配角事业线2		
主要配角事业线3		
主要配角事业线4		

图 4-27

我们可以根据自己的需求以及故事的发展，自主地去调节大纲。

4.3.4 收集素材

1. 观察生活

有一句话“小说来源于生活，但却高于生活。”这句话提醒我们要时刻关注周围的人和事，细心感知生活中的一切。

通过观察那些我们日常可能会忽略的细节，以及每个人和事物所展示的独特特质，可以使小说显得更加真实，更容易触动读者的情感；同时，这也能为我们的作品增添无与伦比的魅力，使其在众多作品中凸显出来。

生活的点点滴滴，无论是一次偶遇的对话还是一个微小的表情，都能够转化成小说中的精彩情节或生动的人物描绘，赋予故事深度和生命力。在创作的过程中，一切都有可能发生。例如，我曾将自己最喜欢的“龙啸火锅”写入小说，它不仅真实存在，还增加了故事的生动性和可信度，如图 4-28 所示。

这说明，只要我们善于从日常生活中汲取灵感，即便是平凡的故事也能闪耀出独特的光芒。生活中的每一个细节都可能是写作的灵感来源。

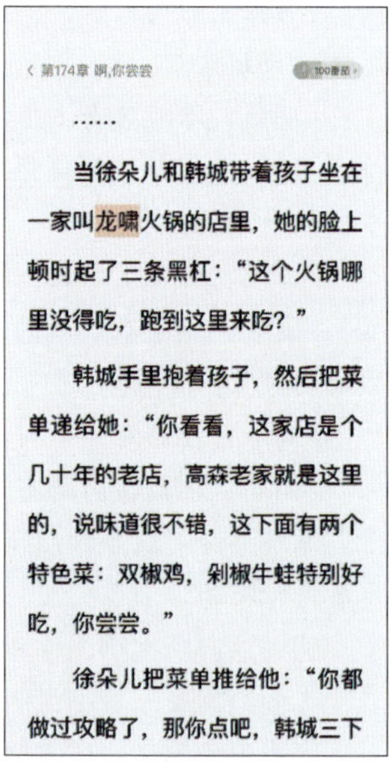
〈 第174章 啊,你尝尝

……

当徐朵儿和韩城带着孩子坐在一家叫龙啸火锅的店里，她的脸上顿时起了三条黑杠：“这个火锅哪里没得吃，跑到这里来吃？”

韩城手里抱着孩子，然后把菜单递给她：“你看看，这家店是个几十年的老店，高森老家就是这里的，说味道很不错，这下面有两个特色菜：双椒鸡，剁椒牛蛙特别好吃，你尝尝。”

徐朵儿把菜单推给他：“你都做过攻略了，那你点吧，韩城三下

图 4-28

2. 个人经历

个人经历也是我们创作小说时不可多得的宝贵资源。它包含了我们的喜怒哀乐和经历的挫折与成功，每一种情感和经历都能在小说中找到它的位置。

把自己的经历融入小说中，不仅能增加作品的真实感和亲和力，还能与读者建立更深层次的联系。

这也是展示个人独特视角和文风的绝佳机会，让小说具备独特的吸引力。我们应该珍惜并充分利用这些个人经验，让它们为我们的小说注入生命力和灵魂。

以我的第一本小说为例，女主角的人物设定就源自我的职业经历。她从一名学习金融的大学生，逐渐成长为一位私人理财顾问。小说中融入了大量的金融术语，这不仅展示了金融行业的专业性，还进行了恰到好处的美化处理，如图 4-29 所示。通过写作这本书，我意识到，每个人都有能力成为一个故事的创造者。

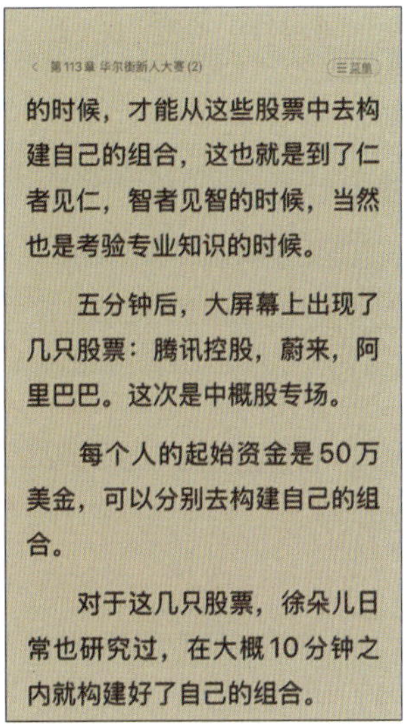

第113章 华尔街新人大赛(2)

的时候，才能从这些股票中去构建自己的组合，这也就是到了仁者见仁，智者见智的时候，当然也是考验专业知识的时候。

五分钟后，大屏幕上出现了几只股票：腾讯控股，蔚来，阿里巴巴。这次是中概股专场。

每个人的起始资金是50万美金，可以分别去构建自己的组合。

对于这几只股票，徐朵儿日常也研究过，在大概10分钟之内就构建好了自己的组合。

图 4-29

无论是基于真实的经历还是纯粹的想象，都能成为我们创作的源泉。当我们将自己的专业知识融入故事中，还能进一步增强作品的深度和可信度。

3. 倾听故事

倾听别人的故事是一种非常有效的方法，可以为我们的小说创作提供丰富的素材。当我们与他人交流时，如果能够真心倾听他们的经历和故事，我们往往能发现一些非常有趣的情节和独特的角色。

每个人的生活都像一本书，充满了独特的故事和经历。通过交流，我们可以了解到不同的人生经历、情感体验和社会视角。

这些故事不仅可以为我们带来新的灵感，还能为我们的创作提供更多的细节和情节转折。同时，聆听他人的故事也能帮助我们跳出自己的生活圈子，拓宽我们的创作视野和深度。

例如，为了塑造一位物理学女博士的人物形象，我曾特意去采访了一位大学的物理学教授。通过这次采访，我不仅获得了丰富的创作素材，更深刻地了解到深入掌握一个专业领域的重要性。

教授分享的物理学的深奥知识和作为一个学者的生活挑战，这些都极大地丰富了我的角色设定。这位女博士在我的笔下变得更加鲜活，她的形象不仅真实可信，还使整个故事更具深度和内涵。

通过这样的例子，我们可以看到，倾听和理解他人的故事是如何帮助我们构建更加立体和深入的小说角色，以及如何让我们的故事更加引人入胜。

让我们继续用心倾听，用我们的笔记录下那些精彩瞬间，创作出属于我们自己的精彩故事。

4. 广泛阅读

广泛阅读真的很有益。当我们沉浸在各式各样的书籍和文章中时，不仅能够汲取到丰富的灵感和创意，还能了解到各种不同的叙事风格，有的简洁明快，有的细腻温婉，也有的宏大磅礴。通过阅读，我们可以接触到多样的主题，例如爱情、友情、冒险、成长等。

阅读既能开阔我们的视野，增长见识，还能为我们的写作提供更多的可能性。在阅读的过程中，我们不仅能学习到其他作者的写作技巧和表现手法，还能从不同的作品中找到启发，激发出独特的创意，让我们自己的小说更加丰富多彩，富有深度。

我自己就有保持每天阅读的习惯，每天至少阅读五万字，如图 4-30 所示。在这些小说的世界中，我仿佛能走进一个个绚丽多彩的世界，遇见形形色色的人物。这些经历给了我源源不断的灵感，激发着我的创造力。

图 4-30

4.4 写好女频网文小说的几大要素

女频小说就是大部分的受众都是女性读者，想要写好这类小说其实不难，我总结了以下几点。

4.4.1 读者定位

读者定位是创作过程中的重要环节，特别是针对女频读者的创作，了解女频读者的喜好和需求，并有针对性地创作内容，可以极大地提高作品的吸引力和影响力。

女频读者的喜好和需求具有多样化的特点。首先，她们往往对情感类的内容有着浓厚的兴趣，喜欢浪漫的爱情故事、真挚的友情以及温暖的亲情。这些情感元素能够引起她们的共鸣，让她们感受到人与人之间的情感纽带。

其次，女频读者对于角色的塑造非常关注。她们希望看到鲜明、立体的角色形象，包括有魅力的男性主角和独立、坚强的女性角色。这些角色在故事中展现出的成长和变化，能够让读者产生情感上的投射。

此外，女频读者还对奇幻冒险、励志成长、古代言情、都市职场、家庭伦理等题材感兴趣。

我们能看到非常多的小说都取得了不俗的成绩。

图 4-31 所示这本小说以都市职场为背景，着重描绘了银行方面的知识。小说中对银行业务的流程、金融市场的动态以及行业内部的竞争进行了生动细致的描写。读者仿佛置身于繁忙的银行大厅，感受到职场的紧张氛围。

图 4-31

（截图来源于晋江小说《办公室隐婚》）

《扶摇皇后》是一部受到广泛欢迎的古装小说，主要讲述了主角扶摇从一个无助的小女孩成长为一国之后的传奇故事，如图 4-32 所示。在这个过程中，扶摇表现出了非凡的勇气和智慧，她不畏艰难险阻，始终坚持自己的信念和正义。

扶摇的旅程充满了各种挑战，包括政治的权谋斗争、人际关系的复杂纠葛以及自我价值的探索。通过不断学习和提升自我，扶摇逐渐赢得了人民的爱戴和敬仰，最终以其卓越的领导力和深邃的智慧登上了皇后的宝座。

小说中的扶摇不仅是一位政治领袖，也是个性鲜明、富有层次的女性形象。她的故事激励了无数读者，尤其是女性读者去勇敢追求自己的梦想，并在逆境中找到成长和成功的力量。

《女相 - 陆贞传奇》描绘了陆贞这位女主角如何利用她的智慧和毅力，在一个男性主导的历史背景下打破常规，成功地创立并扩大自己的商业帝国，如图 4-33 所示。

从小在严苛环境中长大的陆贞，凭借着对知识的渴望和对未来的清晰规划，逐渐跻身于经济活动的前沿。她的故事不仅仅是商业成功的传奇，更是一段关于女性如何在社会中找到自我价值和声音的深刻叙述。

陆贞在面对竞争和阻碍时，展现了非凡的策略和决断力。她的故事中穿插了多次对抗传统性别角色的瞬间，她不仅为自己争取了应有的尊重，也为其他女性树立了榜样。

图 4-32

图 4-33

陆贞的形象体现了独立与自主的精神，她在商界的成就反映了女性在任何领域都能够取得顶尖成就的可能。

通过陆贞的故事，小说传递了一个信息：不论面对多大的社会压力和限制，坚持自我和敢于挑战是走向成功的重要步骤。

4.4.2 人物塑造

想要成功创作一部优质的女频网文小说，人物塑造无疑是首要关键。其中不仅包含对女主角色的精心塑造，男主的塑造更显得至关重要。

多数女性读者阅读的动力往往源自对“男主”的期待，男主的形象、性格、经历等方面的刻画需精细入微，以满足读者对于理想男性的幻想和向往。

一个富有魅力、独特而令人着迷的男主角形象，能够吸引读者深入沉浸于故事之中，与角色产生情感共鸣，进而提升整个小说的吸引力和感染力。

下面重点介绍男女主角的人物塑造，如图 4-34 所示。

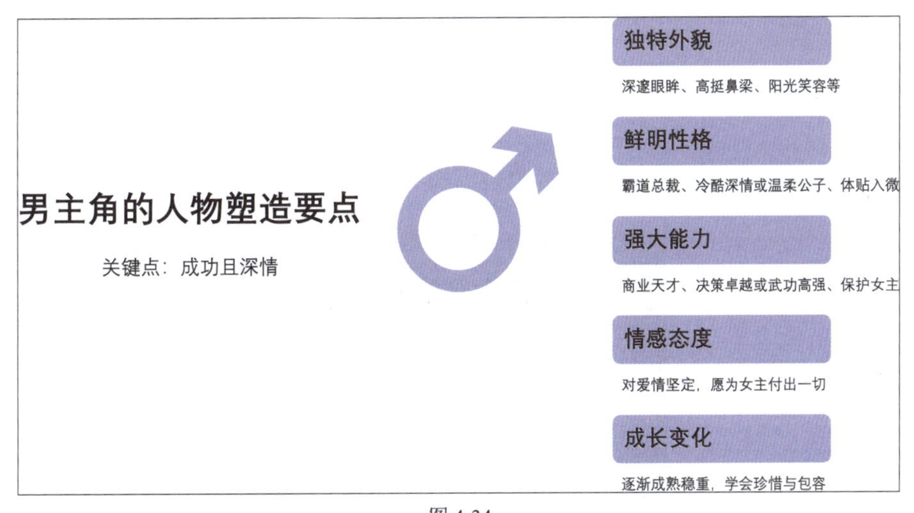

图 4-34

1. 男主角的人物塑造

要写出一个引人入胜的女频网文小说，男主角的深刻塑造是至关重要的。一个魅力四射的男主不仅能够吸引女性读者的目光，还能够带动整个故事情节的发展，增强故事的吸引力。

独特外貌：男主角的外貌描述需要具有一定的吸引力，经典的描述可能包括他那深邃的眼神、挺拔的鼻梁，以及能够让人一眼难忘的微笑。这些描述不仅帮助读者在心中构建一个清晰的形象，也设定了一种情感期待，使读者希望继续探索这个角色的更多层面。

鲜明性格：男主角的性格塑造应当鲜明并充满吸引力。他可以是那种表面看似高冷，实则情感丰富的霸道总裁类型；也可以是温柔体贴、处处为女主着想的贴心男友。这种性格上的对比和层次感，能够使角色显得更加真实和有吸引力，也更容易让读者产生情感共鸣。

强大能力：在能力方面，男主角往往拥有超越常人的特质。无论是商业洞察、战略规划还是其他专业技能，这些能力都让男主角在各种情境下显得格外能干，增强了他的英雄形象，也使他成为女主角的依靠和保护者。例如，男主角可能是一个商业帝国的掌门人，他不仅能够洞悉市场动向，还能够在危机中保持冷静，用他的智慧和力量保护自己和他人。

情感态度：情感的深度是塑造男主角不可或缺的一环。一个好的男主角不应仅仅是一个情感的给予者，而应是一个有深度、有故事的人。他的过去可能充满了坎坷，这些经历塑造了他的性格，也为他的行为提供了动机。他对爱情的忠诚和牺牲可以体现在对女主的关心和保护上，甚至在关键时刻，他愿意为爱冒险。

成长变化：男主角的成长和变化也非常关键。在故事的发展过程中，他可能会从一个以自我中心的人逐渐变成一个更加成熟和包容的伴侣。这种变化不仅让人物更加立体，也让故事更加引人入胜。通过经历一系列挑战，男主角学会了如何更好地爱人和被爱，这种学习和改变常常是故事中最打动人心的部分。

例如，你可以设定这样的场景：

男主角在一次商业交易中遭遇了失败，这次失败让他重新审视自己的生活和价值观。在这个过程中，他意识到了除了事业成功之外，人生的其他方面，如亲情、友情和爱情的重要性。他开始学习如何表达情感，如何与人更深入地交流，这一过程不仅促使他内心的成长，也让他与女主之间的关系更加深厚。

男主角的塑造是女频网文中极其重要的一环。通过对他的外貌、性格、能力以及情感深度的详细描绘，可以创造一个复杂多维、充满魅力的角色，这样的角色能够真正吸引和打动读者的心。

在男主角的人物塑造上花心思，将直接影响小说的深度和广受欢迎的程度。

图 4-35 所示小说的作者是我的学生，她是一个网文小说纯新人作者，就是因为塑造了一个成功的男主形象，在四九城的商业帝国中，男主角以其无与伦比的权势和冷静的商业头脑，成为业界的领军人物。他对待商业伙伴和竞争对手均保持一种超然的态度，直到遇见了女主角——一个同样精明强干的商业女性，两人一见钟情并开启了一段不平凡的商业与情感之旅。

图 4-35

最终，这本小说一天之内上了多个榜单，也成功让我的学生赚到了第一桶金。

由此可见，一个成功的男主角人物塑造需要作者精心描绘外貌、性格、能力、情感深度和成长变化等方面，让读者为之倾倒，深入沉浸在故事中。

说完男主角的塑造，下面我们来探讨女主角的人物塑造。

2. 女主角的人物塑造

现今的读者，对于那种传统的“傻白甜”女主角形象已不再青睐，相反，她们更喜爱独立自强的大女主形象。在写女频网文小说时，大家可以适度地朝着这个方向靠拢。女主人物塑造要点如图 4-36 所示。

图 4-36

想要创造一个栩栩如生的女性主角，我们需要细致地描绘她的性格、外貌和成长经历，使她成为一个既真实又深具吸引力的人物。

①鲜明性格。

首先，我们深入探讨女主角的核心性格特质，她可以是一个勇敢且坚定的女性。面对生活中的任何困难和挑战，她始终展现出无比巨大的勇气和坚持。

无论是在情感的波折、职业的挑战，还是家庭的纠葛中，她总能够毅然决然地面对，不让任何障碍阻挡她前进的步伐。这种勇敢不仅体现在她敢于直面问题的决心上，还反映在她处理危机时的冷静和智慧。

女主角的坚定性是她性格中另一个突出的特点。她不仅在追求个人目标和理想时表现得坚持不懈，即便在面临社会压力和期望时，她也从不轻易妥协。她坚信自己的价值和信念，这使她在多变的环境中始终保持自我，不被外界轻易动摇。

这种勇敢和坚定的结合，让她在故事中成为一个极具吸引力的角色。她的行为和决策常常激励周围的人勇于面对自己的挑战，从而在各自的生活旅程中寻找到更多的可能性和希望。

通过这样的性格塑造，女主角不仅赢得了读者的敬佩，也成为了故事中一个真实而鲜活的存在。

②独特外貌。

女主角的外貌可以这样描写：她拥有一头乌黑而亮丽的长发，柔软如丝绸，随风轻舞（这样的描写增添了她优雅而神秘的气质）。她的眼神灵动而坚定，闪烁着聪明的光芒（反映出她的决心与智慧）。她的脸庞精致，五官立体生动，如雕塑般完美。她的笑容温暖而迷人，总能轻易地让人感到亲切，赢得周围人的好感和喜爱。

她的身材匀称，每一个动作都流露出天生的优雅和自信。无论是在忙碌的街道上急匆匆地走过，还是在宴会上从容地交谈，她总能以一种看似不经意却又充满魅力的方式吸引着周围人的目光。她走路时的姿态，每一个轻盈的步伐都仿佛在讲述她的故事，显示出她自信的个性和内在的力量。

这样的外貌描写不仅塑造了一个外形美丽的人物，更深刻地表达了她内心的坚韧和聪明，使得她的形象在读者心中更加鲜明和立体。

③成长曲折。

她的性格和能力的塑造与她的成长背景密不可分。她在一个充满爱和支持的家庭环境中成长，这样的环境让她从小就树立了自信和自尊。然而，生活并非总是顺遂，她在成长的道路上也遇到了许多挑战和困难。这些经历不只是考验了她的坚韧，更是让她变得更加成熟和理智。面对挫折，她学会了在困境中找到成长的机会，并学会了如何在失败面前保持坚强和乐观。

在她的成长过程中，追求知识和自我提升成了她的生活重心。她对阅读有着浓厚的兴趣，无论是历史、文学还是科学领域，她都有着广泛的涉猎。这种持续的学习不仅拓宽了她的视野，还锻炼了她的批判性思维。她通过不断地汲取新知，形成了独到的见解，这使她在面对复杂问题时，总能做出明智的选择。

这样的成长经历让她成为一个复杂而完整的人物，不仅有着坚韧不拔的精神，也拥有广泛的知识和深刻的洞察力。

④情感态度。

情感态度也是能展现一个女主人设的窗口。我们的女主角可以是一个爱憎分明的人，当她在事业上面对不怀好意的同事的打压，她会勇敢去抗争；但是当看到弱势群体被欺负，她也会伸出援助之手，这样塑造出来的女主，才是一个有血有肉的人物。

这些特质使她在故事中显得格外鲜明，并深深吸引了读者的注意。通过这样的刻画，这位女性主角不仅是一个具有深度的人物，她的故事也鼓励读者面对困难不退缩，追求自我成长。

4.4.3 情感刻画

情感刻画是女频小说中至关重要的一环，它能够深深触动读者的内心，引发共鸣。下面将细腻地描绘爱情、友情、亲情等情感，以达到引起读者共鸣的效果。

1. 爱情的描写

在女频网文小说中，爱情往往是故事的核心，推动着情节的发展，它能使主角们经历种种考验，共同成长，爱情的力量足以跨越一切障碍，让人勇敢面对生活的艰难险阻。可以通过图 4-37 所示的方式进行细腻描绘。

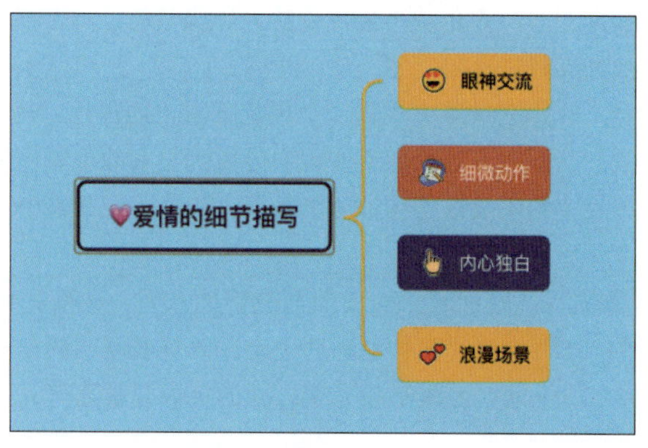

图 4-37

眼神交流：主角之间深情的目光交汇，仿佛在那瞬间，时间都为其停滞。透过眼神，无尽的情感如潮水般流淌，传递着无法言表的爱意、关切与默契。那是一种无需言语的沟通，只需一眼，便能读懂彼此内心的渴望与温柔。这交汇的目光，成为他们之间最独特而珍贵的纽带。

细微动作：如轻轻触碰对方的手臂、为对方整理头发等，这些小小的举动展现出细腻的关爱。它们或许并不起眼，却充满了温情与呵护。通过这些细微动作，人物之间的情感得以细腻地传递，让读者感受到那份真挚而深沉的关怀，也使故事更加真实且动人。

内心独白：让主角将对爱情的思考和感受直接表达出来，使读者能更深入地踏入他们的内心世界。这一描写方式，让读者与主角产生共鸣，理解他们在爱情中的纠结、期待与感悟，感受到他们的情感起伏和成长变化。

浪漫场景：诸如共同欣赏美丽的日落，余晖洒在彼此的脸庞上，映照出幸福的光芒；或是在海边散步，海风轻拂，海浪拍打着岸边，伴随着两人的脚步，构成一幅美妙的画卷。这样的场景营造出浪漫的氛围，让人陶醉其中。在这样的氛围中，主角们的情感得以升温，彼此的距离也更加贴近。他们可以尽情享受这片刻的宁静与美好，忘却一切烦恼。这些浪漫场景不仅为故事增添了色彩，也让读者感受到爱情的美妙与温暖，仿佛身临其境，与主角们一同沉浸在浪漫的氛围中。

在我的小说中，有一个精彩的描写片段，如图 4-38 所示。然而，通过文字的细腻刻画，我们能窥探到她内心的真实想法，那是与表面截然不同的另一套思维。

这种内外的巨大反差，正是文字的魅力所在。它让我们不仅仅看到人物的外在表现，更深入地了解到她们的内心世界。

读者在阅读时，会被这种细腻而真实的描写所吸引，感受到女主的复杂与多变。

> 她尽力装出一副无辜的模样，演的像不像就无所谓了，毕竟她不是个演员。
>
> 但这场欲擒故纵的戏，她必须演好。
>
> 司律，是唯一能接近自己父母死亡真相的人。
>
> 司律冷着脸，双手抱胸，半撑着身子，就这么居高临下地看着眼前可怜兮兮的小东西。

图 4-38

2. 友情的描写

在小说中，友情是一道温暖而璀璨的光芒，它如同春日的暖阳，温暖着主角的心房。

好友们或许性格迥异，却因共同的理想或爱好而结缘，他们在彼此的生命中留下深刻的印记，共同经历着成长的喜悦与痛苦。

在艰难的时刻，友情是坚不可摧的支柱。当主角面临挫折和困难时，好友们总是伸出援手，给予鼓励和支持。他们会耐心倾听，提供真诚的建议，陪伴主角渡过难关。

小说中的友情描写让读者感受到人与人之间深厚的情感纽带。它教会我们珍惜那些陪伴我们走过岁月的朋友，明白友情的力量是无穷的。

小说《流金岁月》的作者就重点描写了两个主角的友情，如图 4-39 所示。蒋南孙和朱锁锁的友情深厚且独特，她们自幼相识，一路走来相互扶持。无论生活给予怎样的挑战与困境，她们始终陪伴在彼此身边。

蒋南孙在朱锁锁困难时给予坚定支持，朱锁锁也在蒋南孙遭遇家庭变故时挺身而出。她们的友情超越了物质与利益，是纯粹而真挚的。她们一起欢笑，一起哭泣，共同经历青春的起伏，在岁月的磨砺中，这份友情愈发珍贵，成为彼此生命中最重要的依靠和温暖港湾，诠释了真正的闺蜜情谊。

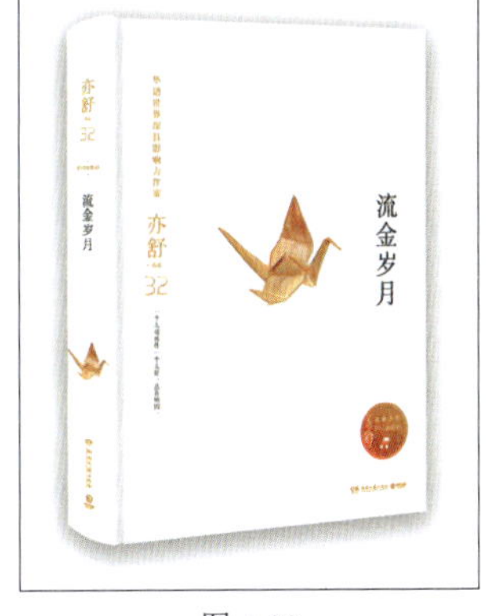

图 4-39

3. 亲情的描写

在小说里，家庭关系的描述往往充满复杂性和多样性。这些故事不仅让小说情感丰富，还反映了我们社会和文化中对于家庭的各种看法。亲情是一种强烈而深刻的情感纽带，它在小说中的展示形式多种多样，既有温暖和美好的时刻，也有冲突和矛盾。

美好的亲情描写在小说中常常给人带来温暖和力量。例如，父母对孩子的无私关爱，兄弟姐妹之间的互相支持，这些温馨的场面能够激起读者对家的认同和渴望。在这类故事里，亲情往往是角色面对困难时的精神支柱，推动故事向前发展。

然而，亲情在小说中也可能成为冲突和挣扎的源头。家庭关系的复杂性可能会导致各种矛盾和不和，例如父母的期望和孩子的个人追求之间的冲突，或者家庭成员因为利益或观念差异产生的摩擦。这样的描写不仅展现了人性的多面性，还反映了现代社会中家庭关系的压力和挑战。

此外，小说中的亲情描述还经常探讨更深层的话题，例如代际间的传承和变革、家族秘密的揭露，以及家庭成员之间的宽恕和和解。这些主题不仅让故事更加深刻和复杂，也使得小说更吸引人。

通过以上这些情感的描绘，使读者能够切身感受到主角们的情感起伏，与他们一同经历喜怒哀乐，产生强烈的共鸣。让读者在故事中找到自己的影子，与作品中的人物建立起情感联系。

在小说《都挺好》中，作者深入探讨了苏家三兄妹间的亲情纠葛，特别是苏明玉与父母之间的复杂关系，如图 4-40 所示。故事中不仅揭示了苏明玉与二哥之间的明显矛盾，还展现了苏家母亲因受到“重男轻女”观念的影响，对苏明玉疏忽照顾的情况。

然而，随着故事的发展，三兄妹最终达成和解，苏明玉也逐渐释怀，开始照顾患有阿尔茨海默病的父亲。这一转变不仅为小说带来了一个圆满的结局，也反映了主角在面对家庭旧有恩怨时的成长与变化。

图 4-40

4.4.4 情节设置

在创作小说时，情节的设置是至关重要的。一个多层次、引人入胜且充满张力的情节能够牢牢抓住读者的注意力，让他们沉浸在故事的世界中，享受阅读的乐趣。

一个丰富的情节不仅仅是一条直线的发展，而是充满了转折和变化，如同过山车一般。这种情节结构可以包括多个主角，每个人都有自己的目标、动机和遭遇的冲突。

故事的背景也可以从繁华的都市跳转到荒凉的野外，或是从古老的城堡转到未来的宇宙，增加故事的视觉和情感深度。

有趣的情节能够激发读者的笑声和惊叹，可能包含机智的对话、出人意料的情节发展，甚至是奇妙的魔法或先进的科技元素，这些都能为故事增添无限的趣味性。读者总是喜欢新奇和惊喜，一个精心设计的情节可以让他们想要急切地翻到下一页。

同时，一个充满张力的情节会让读者的心情跟着故事起伏。通过设置紧迫的倒计时、强大的敌人或高风险的决策，使情节创造出紧张、悬疑和刺激的氛围。这种氛围让读者为角色的命运捏一把汗，迫不及待地想知道接下来会发生什么。

一个成功的情节不仅能吸引读者的眼球，还能触动他们的心弦，提供一次愉快的阅读体验，让人难以忘怀。

小说《朝阳警事》讲述了一位基层民警韩朝阳的成长故事，如图 4-41 所示。韩朝阳刚参加工作时，不被领导看好，但他在为群众排忧解难的过程中，逐渐获得了人民群众的信任和喜爱，并在他们的支持下打击犯罪、维护社会治安，最终成长为一名合格的人民警察。

作品通过对民警工作的情节描写，展现了基层民警的工作日常和甜酸苦辣，颂扬了基层民警的优秀品格和全心全意为人民服务的精神风貌。

图 4-41

4.5 写好男频网文小说的几大要素

4.5.1 强大主角

男频网文小说和女频网文小说存在极大区别。对于男生而言，他们在看网文小说时，更倾向于崇尚“无所不能”的男主角形象。这种形象能满足他们内心对于力量、能力和成功的向往。

因此，塑造具有强大能力和魅力的男性主角成为男频网文小说的首要任务。作者通常会赋予男主角超凡的实力、卓越的智慧以及坚毅的性格，让他们在各种困境中脱颖而出，成为众人瞩目的焦点。这样的设定能够吸引男性读者的关注，使他们沉浸于故事中，与主角一同经历冒险、挑战和成功，感受到无尽的刺激与乐趣。

图 4-42

《将夜》是一部融合了玄幻与历险元素的小说，如图 4-42 所示，讲述了宁缺这位出身卑微的少年如何在充满挑战的环境中不断成长和奋斗。宁缺的故事不仅是个人奋斗的叙述，也是一部关于正义与勇气的赞歌。尽管面对无数的困难和不公，宁缺从未放弃过自己内心的信念，他以一种极其顽强的决心，不断向着自己的目标前进。

宁缺的成长之路充满了考验，从一个无名的小镇少年成为拥有巨大影响力的英雄，他的经历激励了许多人。在这一过程中，宁缺展现出了非凡的智慧和勇气，以及面对强敌时不屈不挠的精神。他的行为不仅改变了自己的命运，也影响了周围人的生活。

通过宁缺的故事，作者探讨了命运、选择和责任的主题，强调了即使在最为艰难的环境中，每个人也都有能力改写自己的人生。

《将夜》不仅为读者提供了一场精彩的阅读体验，更是一个关于如何在逆境中寻找希望，如何为了正义和信念不懈努力的鼓舞人心的故事。

4.5.2 精彩剧情

无论是男频小说还是女频小说，精彩的剧情至关重要。尤其对于男频网文小说而言，读者尤为渴望看到男主角是如何逐步变得强大的。

精彩的剧情是小说的核心魅力所在，它能使读者沉浸其中，情感随之跌宕起伏。在男频网文里，男主角的成长历程是吸引读者的关键。他们期望看到男主角在困境中挣扎，通过不懈努力与拼搏，逐渐突破自我，获得更强大的力量。

这种逐步成长的过程会让读者产生强烈的代入感，与男主角一同经历喜怒哀乐。他们会为男主角的每一次进步而兴奋，为他遭遇的挫折而紧张。

一部拥有精彩剧情的男频网文，不仅能让读者享受阅读的乐趣，还能激发他们内心的激情与斗志。男主角的成长之路如同一场惊心动魄的冒险，引领读者一同探索未知的世界，体验成长的喜悦与痛苦。

下面我们来看两个案例。

在小说《斗破苍穹》中，萧炎的故事是一段从灰烬中崛起的传奇，如图 4-43 所示。原本被认为是家族中的废材，他遭遇了无尽的轻视和冷落。然而，萧炎绝不气馁，他通过坚韧不拔的努力和坚定不移的信念，不断地修炼和挑战自己，从而逐步提升自己的实力。在这个过程中，他面对多种恶劣的环境和强大的对手，但他从未退缩，而是在每一次的挑战中突破自我，逐渐成长。

图 4-43

（截图来源于起点中文网）

随着故事的深入，萧炎不仅在生死的边缘试炼中磨砺自己，还结识了许多志同道合的朋友和盟友。他们的支持和帮助使他能够在面对更大的困难时拥有更强的力量。通过不断的努力和战斗，萧炎最终克服了重重困难，战胜了一系列强大的敌人，最终登顶斗气大陆，成为无人能敌的强者。

萧炎的历程充满了坎坷和波折，这些情节设置不仅构建了一个丰富多彩且充满挑战的虚构世界，也展示了主角从低谷到高峰的励志旅程。他的故事激励读者，只要坚持信念并不懈努力，即使是最不被看好的开始，也能开创属于自己的传奇。

小说《雪中悍刀行》中的主角水寒，是一位在极寒雪国成长起来的年轻剑客，如图 4-44 所示。在这片苍凉而美丽的土地上，他面临着连绵不绝的挑战和生存的考验。故事的情节设置巧妙地融合了激烈的武侠对决与深层次的人物发展，让读者跟随水寒一路经历从一名普通青年到成为武林高手的转变。

图 4-44

在雪国这片被冰雪覆盖的世界中，水寒不仅要对抗来自自然的严苛条件，还必须应对各种人间的阴谋与背叛。每一个敌人都是一次磨炼，每一场战斗都是对他意志的考验。随着故事的推进，水寒的内心世界和武学理念逐渐成熟，他开始理解到，真正的强者不仅是战斗上的胜利者，更是在面对困境时能坚守自己信念的人。

《雪中悍刀行》不只是一部简单的武侠小说，它通过复杂的情节设置和深刻的角色塑造，展现了一个关于成长、信念与精神抗争的故事。每一次的生死较量，每一段旅途的艰难，都让水寒更加坚强，也使这部作品充满了深刻的人生哲理和强烈的视觉冲击。

4.5.3 热血冒险

热血冒险在男频网文小说中是必不可少的元素。男性读者天生就对这些充满热情和喜爱。这种类型的小说能让他们沉浸其中，仿佛置身于一个充满刺激和挑战的世界。

男性通常富有冒险精神，喜欢探索未知、挑战自我。热血冒险小说正好满足了他们内心的渴望，让他们跟随主角一同经历各种惊险刺激的情节。

在这些小说中，主角们面对重重困难和强大敌人，展现出坚韧、勇敢和智慧。读者能够感受到那种紧张刺激的氛围，与主角一起成长。

这种阅读体验不仅能让男性读者释放压力，还能激发他们的内在能量。通过小说中的冒险故事，他们可以体验到不同的人生，拓展自己的视野和想象力。

小说《砸锅卖铁去上学》是红刺北所著的一部充满热血和冒险的中文网文小说，涵盖了科幻元素，如图 4-45 所示。小说围绕主角卫三展开，他曾经是一名顶级工程师，因一次意外事件穿越到一个星际的异世界，成为了一名失学儿童。在这个陌生世界，他通过捡拾废弃的材料，变废为宝，逐步积累资金和资源，试图改变自己的命运。

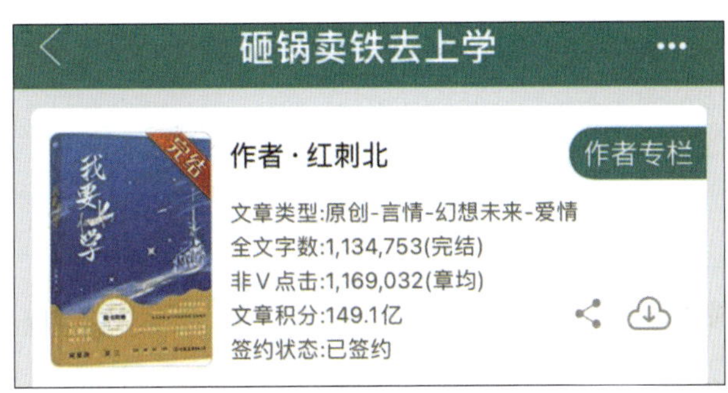

图 4-45

（截图来源于晋江文学城）

卫三的故事不仅是一场生存的斗争，更是一个关于勇气、智慧与坚持的旅程。他在异世界的各种挑战中不断成长，通过解决问题和克服困难，逐步展现出超乎常人的领导力和解决问题的能力。

随着故事的发展，卫三的行动不仅限于个人的求学和生存，他的影响逐渐扩展到整个社会，他开始对社会产生更广泛的影响，展示了一个人如何影响和改变周围的世界。

卫三的故事使读者认识到，无论处于何种困境，通过教育和自我提升，每个人都有能力改变自己的命运。这也体现了教育对个人成长的深远影响，以及个人努力如何转化为改变社会的力量。

小说《第一战场指挥官！》结合了科幻与穿越题材，如图 4-46所示。故事的主角是古代将军连胜，他意外穿越到了未来世界，成为了一名军事指挥系的学生。在这个高度发达且充斥着科技的未来世界，连胜利用他丰富的战争经验和坚强的意志力，从一位军事外行逐渐成长为军事领域的佼佼者。

图 4-46

（截图来源于晋江文学城）

小说中，连胜面对的不仅仅是学习现代军事理论和技术的挑战，还有来自未来社会和技术进步带来的种种困难和冲突。他必须学会如何在这个全新的环境中应用古代战术，并将其与现代技术结合，以应对各种复杂的战场情况。

它不仅是一部军事战略小说，也深刻探讨了领导力和决策制定的重要性，展示了主角在逆境中做出决策的能力，以及他如何影响和激励周围的人。

4.6 爆火网文小说的三大法宝

4.6.1 让人眼前一亮的书名

书名对一本小说的成功至关重要，尤其是小说在线连载和向读者推荐时。

一个吸引人的书名不仅能抓住读者的注意力，还能激发他们的兴趣，甚至影响他们是否选择阅读这本书。

以下是取小说书名的几个注意点，如图 4-47 所示。

图 4-47

1. 简洁明了

避免使用过于复杂或冗长的书名，力求以简洁而有力的方式传达核心信息。

简洁的书名能够直截了当地呈现故事的关键元素或主题，让读者能够快速理解。不能拖泥带水，在第一时间吸引读者的注意力，使其更容易记住和传播。通过简洁明了的书名，读者可以迅速捕捉到小说的特色，从而产生阅读的兴趣和欲望。

2. 激发读者想象力

一个富有想象力的书名可以在读者的脑海中勾勒出一幅画面或情境，激发他们的想象力和好奇心。这样的书名就如同神秘的大门，微微敞开，透出一丝神秘的光芒，吸引着读者去探索门后的精彩世界。

3. 传达主题和情感

一个能够确切传达主题的书名，可以助力读者迅速定位自己感兴趣的作品。

这样的书名具有高度的概括性和表现力，能够在简短的文字中传递出小说的核心要点和情感基调。

读者可以根据书名传达的信息，判断该小说是否与自己的兴趣和情感需求相契合，从而做出是否阅读的决定。

4. 与封面设计相配合

书名和封面设计是小说的外在呈现，它们相辅相成，共同营造出作品的整体形象。一个与封面设计相呼应的书名，能增强视觉效果和吸引力。

封面设计通过图像、色彩和排版等元素，展现小说的风格和主题。而书名以文字形式，概括作品的核心内容或特色。

这种配合使两者相互映衬、相得益彰。书名与封面设计的完美结合，能更直观地传达小说的氛围和情感，吸引读者的目光。

4.6.2 独具特色的设定

要想你的小说脱颖而出，独特的设定是至关重要的。这个设定可以是人物的设定，也可以是环境的设定，它在小说创作中具有重要的意义。

独特的人物设定能够赋予角色鲜明的个性和特点，通过深入挖掘角色的背景、经历、性格、目标和动机，读者能够更容易地与他们产生情感共鸣。一个具有独特性格的主角能够吸引读者的注意力，让他们迫不及待地想要了解角色的故事和命运。

例如，如果你把你的主角设定成一个拥有超能力的外星人，那它必定充满了神秘色彩。这个外星人可能来自遥远的星球，其外貌、文化和价值观都与地球人迥异。它的超能力或许是能够自由飞行，亦或是操控物体，甚至是拥有超凡的智慧。

这样独特的人物设定，能使角色充满魅力与个性，读者会对它的来历和能力充满好奇，迫不及待地想知道它在地球上会经历怎样的故事，又将如何运用超能力面对各种挑战和困境。它的存在无疑会为整个故事增添无尽的想象空间和精彩情节。

环境的设定同样重要，你可以创造出一个独特而引人入胜的世界，让读者沉浸其中。这个环境可以是一个奇幻的魔法世界、一个未来的高科技世界、一个遥远的星球，或者是一个现实世界的特殊场景。

通过细致的描述和构建，读者可以感受到这个世界的独特氛围和特点。它可以影响故事的发展、角色的行为和冲突的产生。

4.6.3 核心的“爽感”体验

网文小说中的“爽感”核心，乃是吸引读者并使他们在阅读过程中获得愉悦和满足的关键因素。

它通过一系列精心设计的元素和情节，让读者沉浸其中，享受阅读的乐趣。这种“爽感”可能源于主角的强大成长、热血刺激的战斗、浪漫甜蜜的爱情等，让读者能够代入其中，感受到成功、胜利和幸福。

“爽感”核心还能满足读者内心的渴望和幻想，让他们在虚拟的世界中释放压力，获得心理上的满足。优质的“爽感”设计能够紧紧抓住读者的心，使他们沉醉于小说的世界，欲罢不能。

“爽感”可以按照以下几个方向去塑造，如图 4-48 所示。

1. 情节刺激

紧张刺激的情节是吸引读者的重要元素。例如，冒险、战斗、解谜等情节能够使读者的心跳加速，让他们沉浸在故事的紧张氛围中。这些情节可以设置各种悬念和危机，让读者为主角的命运担忧，同时也期待着主角如何化解危机，取得胜利。

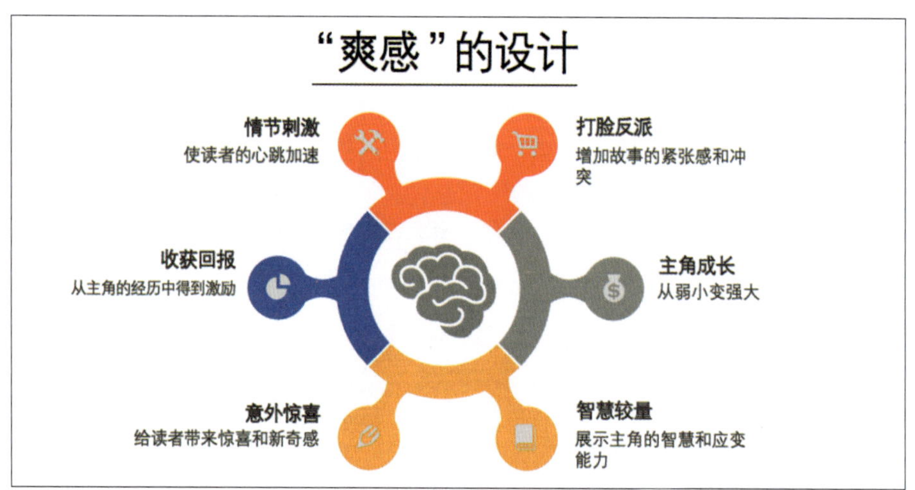

图 4-48

2. 打脸反派

反派的存在是为了增加故事的紧张感和冲突。反派通常会与主角产生对立，为主角的成长设置障碍。然而，当主角最终战胜反派时，这种"打脸"的情节会给读者带来一种畅快淋漓的感觉。读者会为主角的胜利而感到兴奋，同时也会对反派的失败感到解气。这种情节不仅能够增加故事的戏剧性，还能让读者感受到正义得到伸张的满足感。

3. 主角成长

主角的成长是"爽感"的重要来源之一。读者往往喜欢看到主角从一个普通甚至弱小的角色，通过不断努力、学习和战斗，逐渐变得强大。这种成长可以体现在实力、技能、智慧或心态等方面。

在成长的过程中，主角可能会遇到各种挑战和困难，但他们凭借坚定的信念和不屈的精神，克服重重障碍，最终实现自己的目标。这种逐渐强大的过程会让读者产生一种代入感，仿佛自己也在经历着同样的成长，从而获得一种成就感和满足感。

4. 智慧较量

在故事中展现主角与其他角色之间的智慧较量，能够让读者为主角的聪明才智点赞。这种较量可以是策略的比拼、思维的碰撞或者解谜的过程。通过展示主角的智慧和应变能力，读者会对主角产生敬佩之情，同时也能享受到智力挑战的乐趣。

5. 意外惊喜

意想不到的情节和转折能够给读者带来惊喜和新奇感。这种惊喜可以是突然的发现、隐藏的秘密或者角色关系的变化。读者在阅读过程中会期待着故事的发展，但意外的情节会让他们感到出乎意料，增加阅读的乐趣。

6. 收获回报

主角通过努力获得财富、权力、地位等回报，是让读者感受到努力就有回报的重要方式。这种回报不仅是物质上的，也可以是精神上的，如荣誉、尊重和爱情。读者会为主角的成功而感到高兴，同时也会从主角的经历中得到一种激励，相信只要努力，自己也能获得相似的回报。

需要注意的是，不同的读者对于"爽感"的需求可能会有所不同，有些读者喜欢激烈的战斗和刺激的冒险，有些读者则更倾向于情感的细腻表达和角色的成长。

因此，在创作过程中，要根据目标读者的喜好和需求，灵活运用这些要素，打造出符合他们口味的"爽感"。

下面介绍几种网文小说的开头，大家可以将技巧全部运用进自己的小说，如表 4-1 所示。

表 4-1

内容	点评
“裴初，这是我负责的项目，为什么你要抢？”赵玲玲怒气冲冲地走到自己的平时的“好同事”面前，气不打一处来	这个开头就拉住了读者眼球，读者迫切地想知道，这两个好朋友之间到底发生了什么事情，才会导致这样
裴初轻笑一声，看着来势汹汹的赵玲玲，冷哼一声：“这明明就是我的项目，你有什么证据说这个项目是你的？”	反派拉扯。 这是小说里常用的写作手法，这样就会让读者有继续读下去的兴趣，因为读者会想看看，反派究竟会不会被打脸
赵玲玲被气得语塞，不知道该说什么，此时，经理听到了这边的动静，大声呵斥：“你们两个到我办公室来，你们负责的项目出大问题了。”	情节反转。 原本大家的注意力都集中在主角和反派上，这样一写，大家就迫不及待地想要知道这个项目到底发生了什么事情

我们就可以看出，网文小说其实就是一个环环相扣的过程，在自己写作的过程中，不断去想，下一步应该用什么写作方式来吸引别人的注意力。

4.7 短篇小说的创作方法

4.7.1 短篇小说的特点

短篇小说通常是篇幅比较短小的小说形式，一般为几千字到几万字。相较于长篇小说，它在创作时间上更为迅速，具有独特的特点和魅力。

短篇小说的篇幅有限，这要求作者在有限的篇幅内展现出丰富的内涵和情节。因此，作者必须具备精练文字的能力，用简洁而精确的语言表达深刻的思想和情感。

这里很多人通常会有一个误区，他们会觉得，既然短篇小说字数比较少，是不是写起来相对而言更简单。

其实不是，反而因为字数比较少，对我们的作者要求就更高，我们不能在有限字数里去写无关紧要的东西，而需要写出更有意义的情节。

短篇小说通常具有以下几个特点。

1. 灵活创作

和动辄几百万字的长篇小说不同，短篇网文小说在创作时间上更加自由，甚至一两天就可以写出一本 1~2 万字的短篇小说。

2. 快速传播

短篇网文小说字数比较少，我们只需要花很少的时间就能阅读完毕，并且传播的速度也更快。

3. 类型丰富

短篇小说的类型丰富多样，不仅包括长篇网文小说的言情类，更可以去创作很多现实主义作品，这样的作品不仅反映社会现实和人性，而且更容易卖出版权。

《特案侦查组》是在知乎爆火的小说，作者陈猛，也是一个在公安工作了五年的普通刑警，如图 4-49 所示。

图 4-49

他将自己的经历改编成小说，不仅展示了刑警的日常，还展示刑警破案的专业知识，读者在阅读的同时不仅增长了自己的法律知识，更能体会刑警工作的不易。

4.7.2 短篇小说怎么写

短篇小说和长篇小说虽然都属于小说范畴，但确实存在一些区别，而短篇小说的特点更为显著。

人称方面，短篇小说常常以第一人称为准。采用第一人称叙述，能够使读者更强烈地代入主人公的视角和感受。读者能够直接体验到主人公的内心世界、情感和思考过程，与主人公产生更紧密的情感联系。这种代入感增强了读者对故事的参与度和投入感，使他们更容易与角色产生共鸣。

转折方面，由于字数限制，短篇小说中的转折会更为频繁。每三四百字就可能出现一个转折，这使得故事节奏紧凑、情节跌宕起伏。转折能够增加故事的紧张感和吸引力，保持读者的兴趣。作者需要巧妙地设计转折，使其既合理又出人意料，引发读者的好奇心和期待。

《执笔》这部小说通过苏云绮的角色发展深入探讨了许多重要的主题，如图 4-50 所示。苏云绮意识到自己原本只是命运设定中的一个辅助角色后，她的选择不仅是改变自己的命运，更是一场对于个人责任和道德选择的探讨。这种设定让观众可以通过她的故事看到每个人在面对看似不可改变的命运时，都有能力通过自己的努力去影响结果。

执笔 盐选专栏

庶妹出嫁前，我伺候她洗脚。「姐姐，你做了我三年洗脚婢，明日我嫁给太子，有点舍不得你呢。...

来自「凤还巢：朱墙内她人间清醒」 · 4.8 万赞同 · 2115 评论 · 2023-11-27

查看更多「盐选专栏」搜索结果

图 4-50

小说中通过苏云绮的成长历程，展示了人性中的善良以及面对困境时的各种人性光辉与暗面。这些深刻的主题不仅增加了剧情的复杂性，也让观众在欣赏故事的同时，能够对自身的生活和选择进行反思。

表 4-2 所示的案例展示了以上介绍的各种方法。

表 4-2

案例	点评
我一觉醒来，看着周围陌生的一切，我的心猛地沉了下去，我隐约感觉到，似乎有一些不可思议的事情发生在了我身上	开篇采用第一人称：我。 开篇就留下了巨大的悬念
正当我想弄清楚事情原委的时候，忽然，门外走进来一个蒙面黑衣男子	转折，不断激起读者的兴趣

续表

案例	点评
我仔细地观察着他，只见他冷冷地开口：“在这里，少动少看，才能活下去。”	出乎意料的反转
我听了这个话，表面上装作很惊慌的样子，但是我的内心却十分冷静，因为我早就发现了他们的秘密……	继续转折，不断给前端的读者下钩子，这样读者才会看

这是一个标准的短篇网文小说的开头，大家可以看到，开头短短几百字，这个故事就在不断反转，读者永远猜不到下一刻会发生什么样的故事。

这就是标准的短篇网络小说的写法。

4.8 短篇小说的成长渠道

短篇小说作为一种独特的文学形式，在现代社会中逐渐展现出其商业价值。起初源自知乎网站的短篇小说，如今受到越来越多小说网站的关注。以下是一些关于通过短篇小说实现成长的途径及相关拓展内容。

首先，签约知乎的盐选是一个不错的选择，如图 4-51 所示。你的小说被正式采用后，将享受到网站提供的福利待遇。盐选作为知乎的一项重要业务，具有较高的影响力和用户基础。在这里，你可以获得更多的曝光机会，吸引更多读者。

除了知乎盐选，其他小说网站也为短篇小说提供了发展空间，例如番茄、七猫等知名小说平台，如图 4-52 所示，甚至一些小网站也设有专门收购短篇小说的部门。你可以直接向这些编辑投稿，展示自己的作品。这不仅可以增加作品的曝光度，还有机会与平台建立长期合作关系。

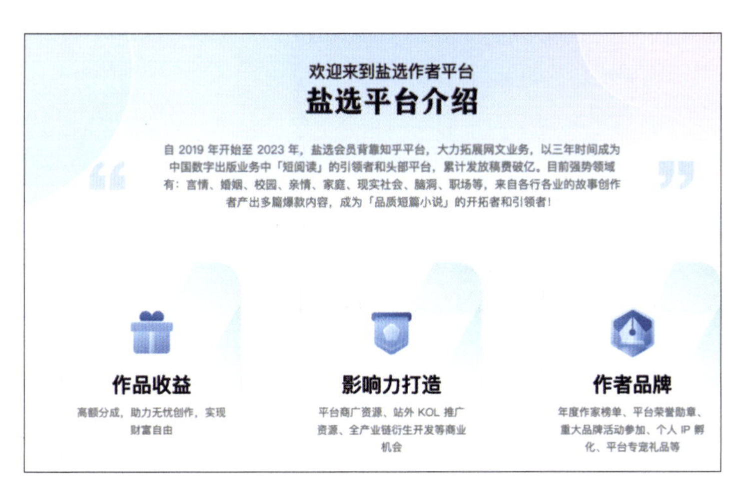

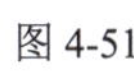
图 4-51

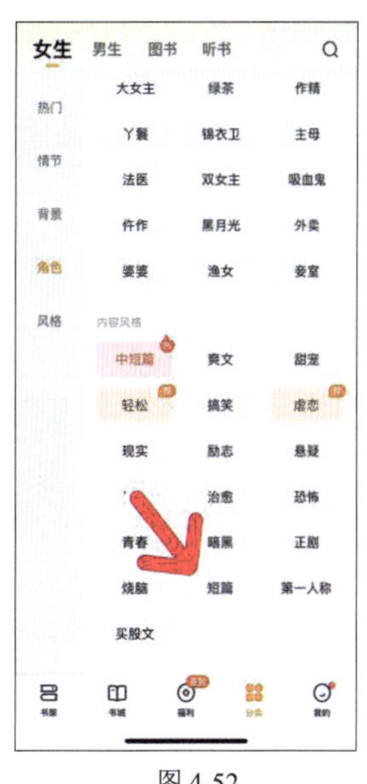

图 4-52

（截图来源于七猫）

改编是短篇小说成长的重要途径之一。如今，众多短篇小说被改编成影视剧，为作者提供了更广阔的成长链路。这种方式不仅能够让作品获得更广泛的传播，还可以带来更丰厚的经济回报。

第 5 章 ▶▶ 短剧写作与成长

短剧在近两年蓬勃发展，甚至一些大导演以及演员都开始入局短剧，有的短剧充值量甚至能达到上千万。

对于普通创作者来说，参与这个领域的方式之一，便是进行短剧剧本的撰写。

这不仅给予了我们充分发挥创造力的空间，也为我们提供了一个可以展示自身才华的良好契机。

借助编写短剧剧本，我们能够将自身的故事以及想法巧妙地转化为生动有趣的剧情，从而吸引广大观众的关注。

与此同时，这也是踏入影视行业的一块敲门砖，为我们开启了通往这个领域的大门。它使我们有机会亲身参与影视作品的创作过程中，让我们的才华在更广阔的舞台上得以展现。

5.1 什么是短剧

想要学会短剧的创作，必须先了解短剧的概念。

5.1.1 短剧的定义

短剧作为一种新兴的影视形式，分为横屏短剧和竖屏短剧。

横屏短剧通常以优酷、腾讯、爱奇艺等平台为主，它们专门设立了短剧频道，每集大约十分钟，集数基本在二十集左右，如图 5-1 所示。

图 5-1

竖屏短剧则是近两年兴起的行业，这种短剧一般以小程序为主要载体，一部短剧往往拥有上百集的丰富剧情，给观众带来满满的“爽感”。

有一则报道称，横店已变成了“竖店”，这是因为大家都看到了短剧带来的巨大红利，各大剧组纷纷进驻横店进行拍摄，如图 5-2 所示。

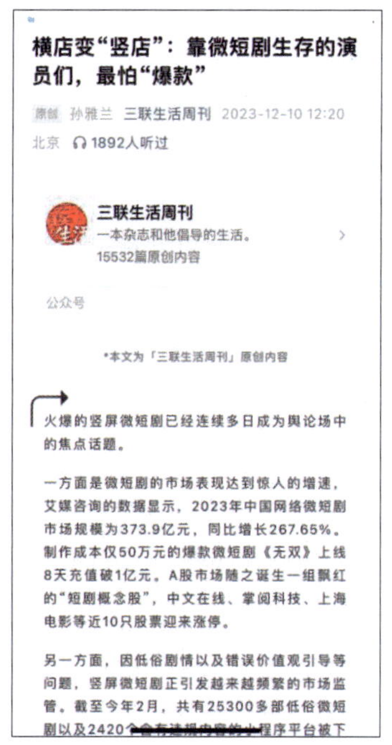

横店变“竖店”：靠微短剧生存的演员们，最怕“爆款”

原创 孙雅兰 三联生活周刊 2023-12-10 12:20 北京 1892人听过

三联生活周刊
一本杂志和他倡导的生活。
15532篇原创内容

公众号

*本文为「三联生活周刊」原创内容

火爆的竖屏微短剧已经连续多日成为舆论场中的焦点话题。

一方面是微短剧的市场表现达到惊人的增速，艾媒咨询的数据显示，2023年中国网络微短剧市场规模为373.9亿元，同比增长267.65%。制作成本仅50万元的爆款微短剧《无双》上线8天充值破1亿元。A股市场随之诞生一组飘红的“短剧概念股”，中文在线、掌阅科技、上海电影等近10只股票迎来涨停。

另一方面，因低俗剧情以及错误价值观引导等问题，竖屏微短剧正引发越来越频繁的市场监管。截至今年2月，共有25300多部低俗微短剧以及2420[illegible]程序平台被下

图 5-2

（截图来源于公众号：三联生活周刊）

那么我们普通作者应该如何参与进去呢？下面进行重点介绍。

5.1.2 短剧与其他剧种的区别

短剧作为一种新兴的剧种，具有许多独特的特点和优势。以下将对短剧的特点进行详细阐述，并与其他剧种进行对比，如图 5-3 所示。

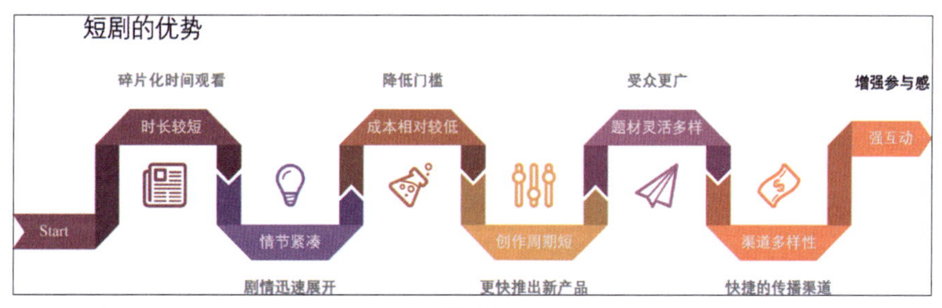

图 5-3

1. 时长较短

时间短，这是短剧的显著特点之一。相比传统的电视剧或电影，短剧的篇幅通常较小。这使得观众可以在较短的时间内欣赏完一个完整的故事，满足了现代人快节奏生活的需求。观众可以利用碎片化的时间轻松观看，不会感到冗长和疲惫。

2. 情节紧凑

短剧的情节紧凑，剧情展开迅速，冲突集中，更容易吸引观众的注意力。它能够在短时间内引发观众的兴趣，让他们迅速投入故事中。这种紧凑的情节设置避免了拖沓和烦琐，使故事更加精彩刺激。

3. 成本相对较低

由于篇幅较小，不需要大量的场景、演员和特效。这降低了制作的门槛，使得更多的创作者有机

会参与短剧的制作中来。同时，也降低了投资风险，使得短剧的市场更加活跃。

4. 创作周期短

一部完整的短剧一般是 100 集左右，每一集 500~1000 字，所以整体的字数维持在 5~10 万字，基本上半个月或者一个月就可以完成了。

这对于创作者和观众来说都是一种优势。创作者可以更快地将自己的创意转化为作品，展示给观众。观众也能够更快地看到新鲜的内容，满足他们对多样化故事的需求。

5. 题材灵活多样

现在很多的长剧，其实有很多条条框框的规定，对短剧而言，它的限制就比较少，无论是喜剧、悲剧、悬疑还是爱情等题材，都能够在短剧中得到展现。这使得短剧能够满足不同观众的品位和兴趣，面向的受众更广泛。不同年龄、兴趣和背景的观众都可以找到适合自己的短剧。

我们在创作时，也可以去做更多的尝试，不要拘泥于一种题材。

6. 强互动

强互动也是短剧的一个显著特点，观看短剧时，观众可以在网络上留言、评论、分享自己的看法和感受，与其他观众交流。这种互动性增强了观众的参与感和黏性。

了解了以上几个短剧的特点之后，下面介绍短剧剧本的几个基本构成要素。

5.2 短剧剧本的基本构成要素

5.2.1 人物设定与角色性格

一部短剧能不能获得读者的青睐，人物设定与角色性格是短剧剧本中至关重要的构成要素。

首先，人物设定包括角色的外貌特征、年龄、职业、社会地位等方面。这些设定不仅有助于观众更好地理解角色，还为角色的行为和决策提供了背景依据。

例如，一个年轻的职场新人可能会表现出冲动和缺乏经验的特点，一个资深的领导者则可能更加沉稳和果断。

其次，角色的性格特点是塑造人物形象的关键，性格可以通过多种方式展现，如言行举止、情感反应、决策方式等。一个性格鲜明的角色能够吸引观众的注意力，并使他们更容易产生情感共鸣。

在剧本中，角色性格的刻画需要具备以下几个特点，如图 5-4 所示。

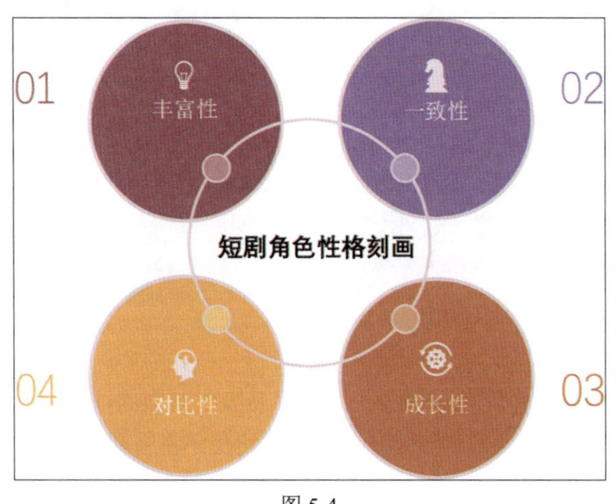

图 5-4

丰富性：每个角色都应该具有多面的性格特点，避免单一和刻板的形象。

一致性：角色的行为和决策应该与他们的性格相符合，避免出现矛盾和不合理的情况。

成长性：角色在故事发展过程中可能会经历变化和成长，这种变化应该是合理且逐渐展现的。

对比性：通过不同角色之间性格的对比，可以增强故事的冲突和张力。

为了更好地塑造角色性格，可以采用以下方法，如图 5-5 所示。

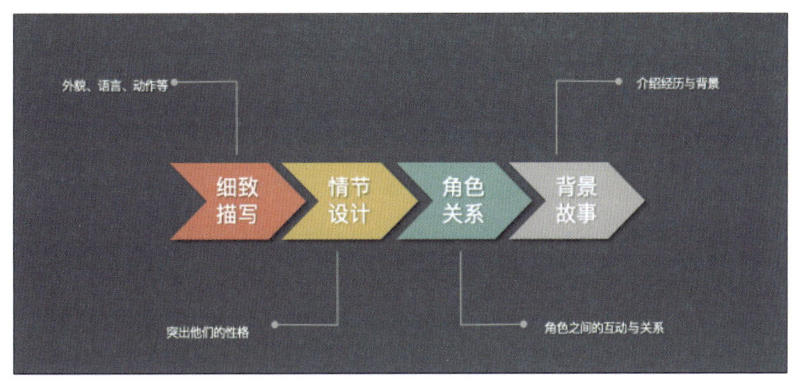

图 5-5

细致描写：通过对角色外貌、语言、动作等方面的细致描写，展现角色的性格特点。

情节设计：让角色在特定的情节中做出选择和行动，从而突出他们的性格。

角色关系：通过角色之间的互动和关系，进一步展现角色的性格特点。

背景故事：介绍角色的过去经历和背景，为他们的性格形成提供依据。

一个生动、立体的角色形象能够使故事更加真实可信，吸引观众的情感投入，从而提升短剧的质量和影响力。

编剧需要深入挖掘角色的内心世界，用心塑造出富有个性和魅力的角色形象。

我们来看一个爆火的小短剧的案例。

短剧《逃出大英博物馆》自推出之日起便引起了轰动，迅速累积了超过 1 亿的播放量，如图 5-6 所示。这部作品通过一个独特的视角讲述了一位记者带领流落海外的文物重返故土的感人故事。剧中，记者偶然遇到了从博物馆逃出来的中华缠枝纹薄胎玉壶，决定冒险将它带回中国。通过一系列曲折的情节，展现了文物与其原本文化之间不可分割的联系，以及文物回归所带来的历史正义感。

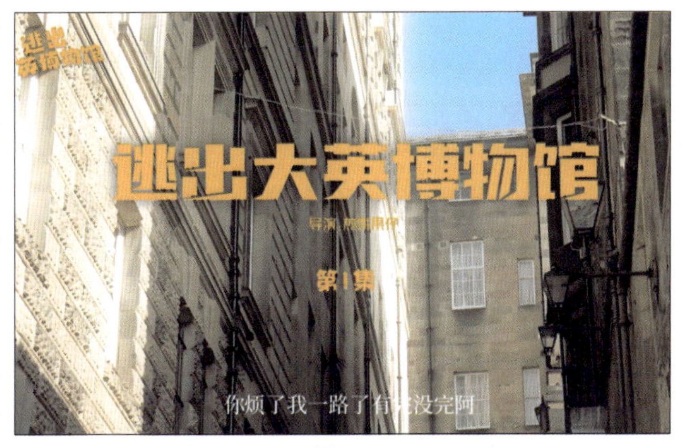

图 5-6

最重要的是，该剧还深刻探讨了文化身份和归属感的主题，强调了每件文物不仅仅是一件艺术品，更是一个国家和民族历史的见证。

这部短剧不仅是一部娱乐性强的影视作品，更是一次文化的自我反思和历史的审视，让观众在观赏的同时，对文化遗产的保护和尊重有了更深的理解和思考。

我们在写短剧时，人设一定要足够吸引人，这部短剧就是直接将物拟人化，这也是之前任何一部短剧没有出现过的人设。

5.2.2 短剧情节设置

不管是小说还是短剧，情节都是至关重要的环节。

在构建情节结构和故事线索时，我们要做的第一步就是明确主题，主题是故事的核心，它为整个剧本提供了方向和焦点。

例如，如果你选择“勇气”作为主题，那么你的剧本可以围绕一个害怕高度的主人公展开，讲述他如何克服内心的恐惧，最终攀登上一座高山。这样的主题不仅指引了剧情的发展，也深化了角色的情感层次，使故事更具吸引力和共鸣。

如果你的主题是想讲述一个海归博士去乡村支教的故事，那么你的故事里面就要包含主角为什么放弃高薪，而选择去支教，并且在支教的过程中，他遇到了哪些问题，他又是怎么去解决这些问题的，最终获得了什么样的成就，这才是一个完整的故事情节。

确定了明确的主题之后，就到了核心步骤——情节设置。短剧的情节设置四大原则如图 5-7 所示。

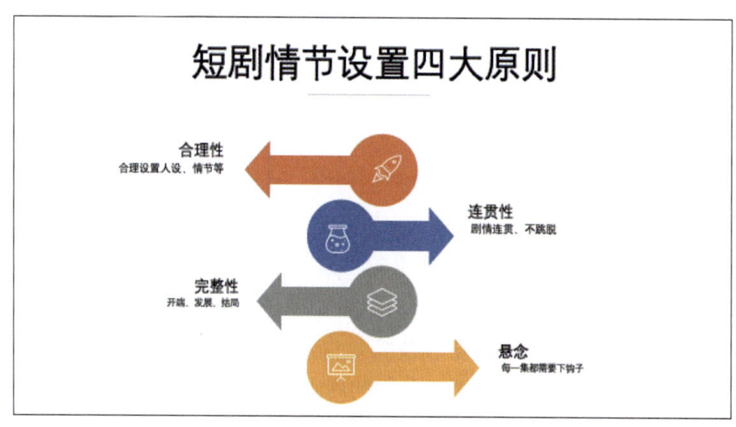

图 5-7

1. 合理性

合理性是构建短剧情节的首要原则，情节的合理性意味着剧中的事件与角色行为必须基于现实或设定的虚构世界内的逻辑，以便观众能够接受和相信发生的一切。

例如，角色的决策和行动应与其背景、性格和剧情发展自然契合。如果一个胆小谨慎的角色突然无理由地变得大胆冒险，而没有恰当的心理转变或情节推动，观众可能会感到困惑，质疑剧情的真实性。

因此，我们在创作时需要细致地描绘角色的性格发展和情节的逻辑进展，确保每个转折都有充分的动机和背景支持，这样才能使故事整体上显得更加合理和说服力十足。

2. 连贯性

连贯性要求短剧的情节要流畅且一气呵成，各场景和事件之间需要有逻辑上的联系。缺乏连贯性的剧本会使观众难以跟随故事线，从而感到迷惑或失去兴趣。

例如，如果一个剧情突然从一个紧张的追逐戏片断跳到一个平静的家庭场景，而没有适当的过渡，就可能削弱故事的紧迫感和观众的情感投入。

为了维持连贯性，我们应确保每个场景都能自然过渡，每段对话和行为都有助于推动主要剧情向前发展。此外，时间线和地点的变换需要清晰标示，以避免造成观众的困惑。

3. 完整性

完整性是指故事必须有一个明确的开端、发展过程和结局。短剧虽然时间有限，但同样需要构建一个圆满的故事结构，使观众在短时间内得到完整的故事体验。

一个具有完整性的短剧会让观众从开始到结束都感到满足，因为所有的主题、冲突和角色都得到了恰当的解决。

例如，如果剧中主要冲突在结局时仍悬而未决，或主要角色的发展线索中断未完，观众可能会感到挫败和不满。

因此，我们需要精心设计每一个情节点和角色轨迹，确保故事的每一个要素都能够逻辑性地闭合，提供一个有意义的结束。

4. 悬念

悬念是吸引观众持续关注的关键元素之一。在短剧中，合理地设置悬念可以有效地提升观众的好奇心和期待感，促使他们继续观看。

悬念的创建可以通过未解之谜、角色间的冲突，或对未来事件的预示来实现。

例如，一个关键角色的神秘消失，或一个重大秘密即将被揭露的暗示，都可以极大地增加剧情的吸引力。重要的是，这些悬念需要在剧情的恰当时刻揭晓，以保持故事的张力并给予观众情感上的回报。

5.2.3 短剧剧本格式

短剧的剧本格式基本上由场景、时间、景别以及人物几部分组成。确定整体的场景后就是具体的人物对话。这里，给大家看一个简短的剧本案例。

剧本名称:《时光咖啡馆》

场景：1-1——这里是交代第一集的第一个场景

时间：日 - 内——交代故事发生的时间

景剧：咖啡馆——交代故事发生的地点

人物：艾米、老汤姆、杰克——交代故事里的人物

△艾米正在吧台后面整理咖啡豆，老汤姆坐在他惯常的位置上，手里拿着一本书。

艾米（微笑着）：汤姆教授，今天的咖啡还是老样子吗？

老汤姆（抬头，微笑）：当然了，艾米。你的咖啡总能给我带来一天的灵感。

△杰克走进咖啡馆，四处打量，最后选择了一个靠窗的位置坐下。

艾米（走向杰克）：欢迎光临时光咖啡馆，请问您需要点什么？

杰克（冷淡地）：一杯美式咖啡，谢谢。

艾米（点头）：好的，请稍等。

△艾米开始制作咖啡，老汤姆的目光从书本转向杰克，观察着他。

老汤姆（自言自语）：新面孔，不知道他的故事会是什么味道。

△艾米将咖啡递给杰克

艾米：您的美式咖啡，请慢用。

杰克（点头致谢）：谢谢。

△杰克拿出笔记本电脑，开始敲打键盘。艾米回到吧台，开始擦拭咖啡机。

艾米（内心独白）：每个人心中都有一段时光，这里就是他们分享故事的地方。

△墙上的老式挂钟突然发出清脆的钟声，三人的目光不约而同地看向挂钟。

老汤姆（感慨）：时间真是个奇妙的东西，它带走了过去，又带来了新的开始。

杰克（停下手中的工作，看向老汤姆）：您说的对，教授。每个故事都是时间的见证。

艾米（微笑）：在时光咖啡馆，我们不仅分享咖啡，还有可能揭开被时光掩埋的真相。

忽然，咖啡馆的上方出现了几个字：请注意你面前的这个男人……

这是一个简单的剧本开头，交代了整个故事发生的时间、地点、人物等，当然，这些都是一些基础要素。

要写好一个短剧剧本，我们需要在开头就写出极大的爆点，这样才能更加吸引读者的注意。

这个剧本最后就是给读者留下了一个极大的悬念，就会勾着读者一直往下读。

5.3 短剧成长路径

短剧剧本成长十分简单，那就是给短剧公司投稿，对方一旦认可你的剧本，创作者就可以获得相应的收益。下面详细介绍家短剧投稿平台以及投稿需要准备的资料。

5.3.1 短剧投稿平台推荐

目前在小程序短剧领域中，有几家头部公司表现突出，非常值得推荐给有意向的剧本创作者进行投稿。其中，九州、点众、花生和酷匠等公司因其平台的广泛覆盖和优质的内容生产而受到业内外的高度评价。

对于希望在短剧领域大展拳脚的创作者来说，这些平台不仅提供了一个展示才华的舞台，还能通过与观众的互动获得实时反馈，有助于进一步磨炼创作技巧和理解市场动态。

5.3.2 投稿需要准备的资料

当准备向小程序短剧平台投稿时，创作者需要准备的主要材料包括剧本大纲和 2、3 集的试稿。

这里，每一集的剧本长度通常控制在 200~500 字，这要求剧本内容必须精练且富有冲击力，以在有限的篇幅内迅速吸引并维持观众的兴趣。

剧本大纲是整个系列的蓝图，它概述了主要的故事线、角色发展和主要事件。大纲的制作不仅帮助创作者组织思路，也方便投稿时向平台展示故事的整体构想和发展方向。

其次，对于试稿，创作者应精心编写前 2、3 集的剧本，展现故事的开端和主题。这些试稿应包含关键的情节点和角色互动，以展示剧情的独特性和吸引力。每一集都应设计一个小高潮或转折点，使得观众期待下一集的发展。

第 6 章 ➤ 游戏剧本的创作

“

游戏剧本是整个游戏的基石，它承载着整个游戏的灵魂与核心，一个好的游戏剧本能让前端的游戏玩家深入其中，不断解锁游戏新的玩法。

下面为大家详细介绍游戏的玩法和机制以及游戏剧本中所包含的要素。这些要素相互交织，共同构建出一个个引人入胜、充满挑战与乐趣的游戏世界，让玩家沉浸其中，流连忘返。

掌握这些要素，你便有望成为创作出优秀游戏剧本并用它去成长的人。

”

6.1 游戏玩法与机制

6.1.1 游戏类型与风格

游戏剧本的类型和风格多种多样，以下是一些常见的类型和风格。

1. 冒险解谜

以探索未知世界、解决谜题和挑战谜题为主要内容。玩家通常需要寻找线索、解开谜团、与环境互动等。

例如《塞尔达传说》系列，玩家在广阔的开放世界中探索，解决各种谜题和挑战，与各种角色互动，如图 6-1 所示。

图 6-1

2. 角色扮演

玩家扮演特定角色，参与故事中的冒险和互动。这类剧本强调角色发展、剧情推进和角色之间的关系。

《原神》玩家在游戏中扮演“旅行者”，与众多独特的角色互动并一同冒险，如图 6-2 所示。该游戏注重角色培养和剧情推进，同时角色之间的羁绊和故事线也丰富多彩。

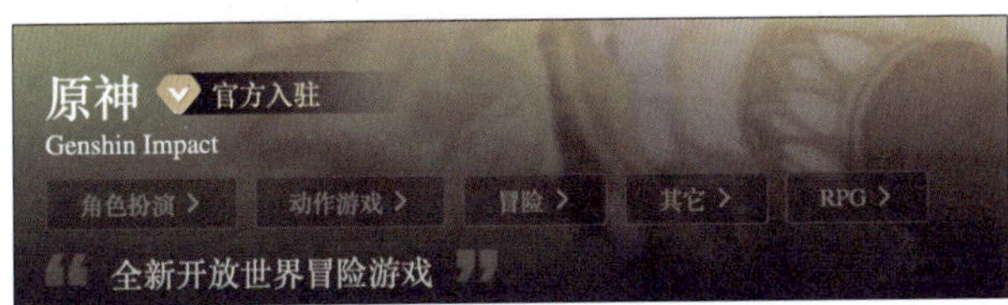

图 6-2

3. 动作冒险

游戏结合了动作元素和冒险解谜，玩家需要进行战斗、平台跳跃、探索等活动。

《刺客信条》系列允许玩家扮演刺客，在历史背景下进行战斗、潜行、攀爬和探索等活动，如图 6-3 所示。

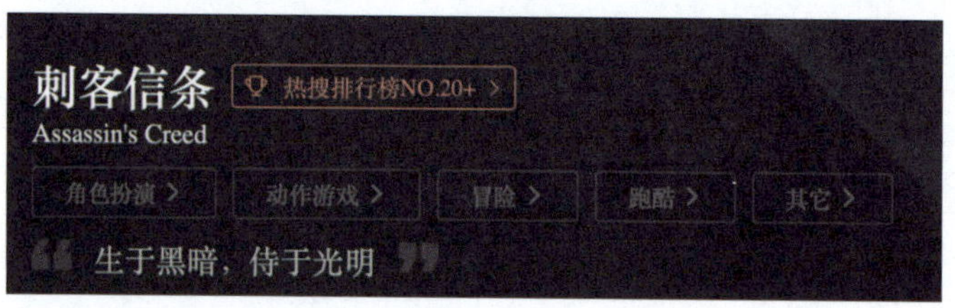

图 6-3

4. 策略模拟

玩家需要制定策略、管理资源、指挥军队或经营城市等。

《模拟城市》系列游戏主要侧重于城市的经营和管理，玩家需要规划城市的布局、提供基础设施、处理各种城市问题，如图 6-4 所示。

图 6-4

5. 恐怖悬疑

为了营造紧张、恐怖和悬疑的氛围，玩家需要面对惊悚的场景和情节。

《寂静岭》系列以其恐怖的场景、紧张的氛围和深度的剧情而闻名，如图 6-5 所示。游戏中的音效和画面营造出强烈的恐怖感，让玩家在探索过程中倍感紧张。

图 6-5

6. 科幻奇幻

涉及科幻或奇幻元素，如外星人、魔法、超能力等。

《星际争霸》系列游戏包含外星人、高科技等科幻元素，如图 6-6 所示。玩家需要在宇宙中建造基地、发展科技、训练军队，并与其他势力展开战斗。

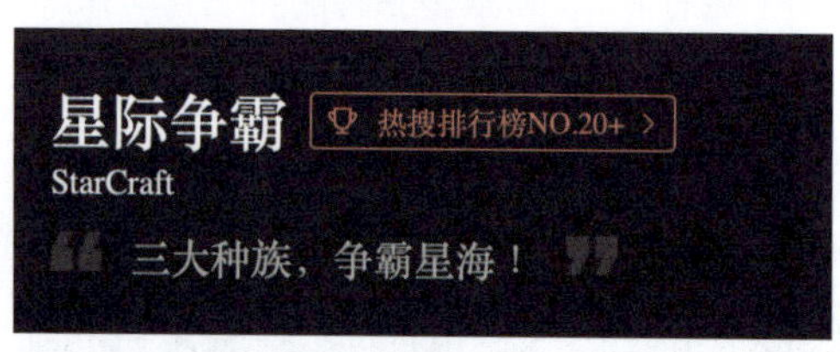

图 6-6

7. 历史模拟

以特定历史时期为背景，玩家体验历史事件和人物的生活。

《三国志》系列玩家可以选择不同的势力，管理资源、发展城池、招募武将、指挥军队进行征战，如图 6-7 所示。

图 6-7

8. 现实题材

反映现实生活中的各种情境和问题，让玩家在游戏中体验真实的情感和挑战。

《中国式家长》玩家将体验从出生到成人的过程，经历上学、考试、社交等现实生活中的情境，如图 6-8 所示。

图 6-8

6.1.2 游戏剧本的基本设置

游戏剧本的设置主要从以下三点开始着手，如图 6-9 所示。

图 6-9

1. 游戏目标与任务

游戏剧本的游戏目标与任务是游戏设计中至关重要的部分。它们为玩家提供了明确的方向和目标，使游戏体验更具意义和动力。

游戏剧本目标是玩家在游戏中努力追求的最终结果，可以是完成特定的剧情线、达到最高等级、征服整个游戏世界，也可以是收集所有的奖励和成就、解锁所有隐藏内容，或是击败最终的大 Boss。

明确的游戏目标能够激发玩家的兴趣和动力，促使他们投入时间和精力。

任务则是实现游戏目标的具体步骤。它们通常以各种形式呈现，如主线任务、支线任务、日常任务等。任务的设计可以多样化，例如角色发展、剧情推动、社交互动等。

2. 角色操控方式

角色操控方式在游戏中起着关键作用，它直接影响着玩家的游戏体验，如图 6-10 所示。

角色操控方式

图 6-10

直观性：玩家能够迅速理解并掌握操作方法，无须花费过多时间去学习和适应。这样可以让玩家更快地投入游戏中，享受游戏的乐趣。

响应性：游戏对于玩家的输入指令应给予即时、清晰的反馈，确保玩家的每一个操作都能得到预期的效果。这种即时的反馈能够建立玩家与游戏世界之间的有效连接，增强控制的真实感和直接性。无论是角色的移动、攻击，还是与环境互动，快速直观的反应会显著增加玩家的信心。

融合性：角色操控方式需要与游戏的其他方面相结合。例如，与游戏剧情和场景相融合，增强玩家的沉浸感，通过操控方式的变化来体现角色的成长和技能提升等。一种优秀的角色操控方式能够提升玩家的游戏体验，让他们更加深入地融入游戏世界，享受游戏的乐趣。

精确性：操控方式应具备高度的准确性和预测性，使玩家能够完全按照意图执行动作。精确的控制意味着操作结果与玩家输入高度一致，尤其在需要技巧和策略的游戏中，细微操作的准确性直接影响游戏体验和成败。

在游戏剧本中设计角色操控方式时，需要额外考虑到游戏的类型。例如，动作游戏可能需要更加敏捷和灵活的操控方式，策略游戏则可能更注重策略的制定。同时，还需考虑游戏所在的平台特性，以及不同玩家群体的需求和能力。

3. 核心游戏模式

核心游戏模式作为游戏剧本的核心部分，对整个游戏的玩法以及玩家的体验起着决定性的作用。

核心游戏剧本模式主要包含以下要素，如图 6-11 所示。

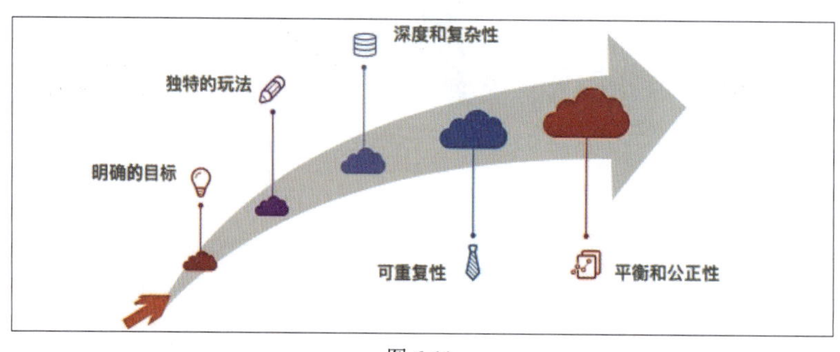

图 6-11

- 明确的目标：游戏目标与任务小节已经提到过，这里就不再赘述。
- 独特的玩法：要想你的游戏与其他游戏有区别，最重要的就是你的游戏的独特玩法，这不仅能吸引玩家的注意力，还能让他们对游戏充满好奇和兴趣。
- 深度和复杂性：游戏如果很简单，玩家玩了几把就达到了目标，他就会放弃这个游戏。如果我们适当地增加游戏的深度和复杂性，就大大增加了游戏的趣味，这样读者就会为了解开游戏的关卡而不断去玩。
- 可重复性：很多游戏设置不到位，当玩家卡在一个地方，挂了之后，就要求玩家从头开始，这样就会有很大一部分的玩家放弃。我们可以在适当的关卡处设置“原地复活”功能，这样玩家就会重复去玩。
- 平衡和公正性：在游戏的设置当中，需要保持绝对的公正性，这样玩家才会在游戏里投入大量的精力。

核心游戏剧本这些特点相互配合，共同塑造了一个富有魅力和趣味性的游戏世界。它们使得玩家能够沉浸其中，享受游戏带来的乐趣和挑战。

我们在写游戏剧本时，应该注重打造具有这些特点的核心游戏模式，以提高游戏的质量和吸引力，满足玩家的需求和期望。

6.2 游戏剧本的角色与世界设定

当我们去创作一个游戏剧本时，我们需要设置不同的人物形象与性格。本节将详细介绍游戏剧本里 7 个角色（主角、反派、盟友（或伙伴）、神秘角色、搞笑角色、导师和配角）的性格应该怎么去设置。

6.2.1 主要角色与设定

游戏剧本的主要角色设定是游戏设计中至关重要的一环，它直接影响着玩家的游戏体验和情感投入。按照角色划分，游戏的角色主要分成以下几种，下面将详细介绍每种角色的设定，如图 6-12 所示。

图 6-12

1. 主角

形象与性格特点：主角的外貌和衣着风格应与游戏的主题和风格相契合。通过细致的描述，让玩家能够清晰地想象出主角的形象。同时，主角的性格特点也是关键因素。他们可以是勇敢无畏的战士、聪明机智的冒险家，或者是充满好奇心的探索者。性格特点将决定主角在游戏中的决策和行为方式，从而引发玩家的共鸣。

以《塞尔达传说：荒野之息》中的主角林克为例，他的外貌和衣着风格与游戏的开放世界和冒险主题完美契合，如图 6-13 所示。林克是一位经典的冒险家形象，拥有明亮而坚定的眼神，这反映了他无畏探索的性格。他的服装是标志性的绿色调外衣，简洁而实用，适合长时间的旅行和战斗，同时也是该系列游戏的标志。

图 6-13

背景故事：我们在创作游戏剧本时，需要深入挖掘主角的过去经历，为他们赋予一个丰富而引人入胜的背景故事。这将有助于玩家理解主角的动机和目标，并在游戏的进程中感受到他们的成长和变化。

《巫师 3：狂猎》中，主角杰洛特的背景故事非常丰富，杰洛特是一名巫师，经历了特殊的训练和药剂改造，使他具备了特殊的能力，如图 6-14 所示。他的过去充满了复杂的关系和道德决策，这些不仅塑造了他的性格，也影响了他在游戏中的行为和选择。

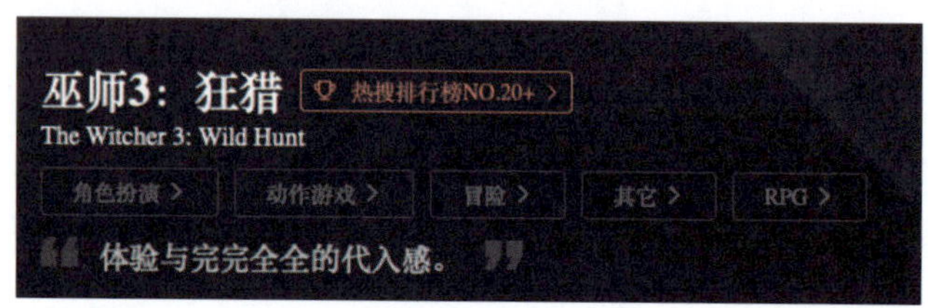

图 6-14

能力与技能：根据游戏的类型和玩法，为主角赋予相应的能力和技能。这些能力可以包括战斗技能、解谜能力、魔法力量、领导才能等。主角的技能和能力将直接影响他们在游戏中的表现和应对各种挑战的能力。

以上三点都是写游戏剧本主角需要的基本要素，我们也可以根据需要在里面再加入一些其他元素来丰富主角的形象。

2. 反派

一个游戏剧本里，不仅需要有正派人物，还需要有反派人物，每个人物的性格都是独一无二的。反派的设定可以从以下几方面入手。

形象与性格：反派的形象设计要突出其邪恶或敌对的特质，这样才能和主角形成对比。他们的外貌可以是狰狞可怖的，或者具有独有的特征，让人一眼就能认出他们的反派身份。反派的性格可以是狡猾、残忍、狂妄自大或者具有其他鲜明的特点，与主角形成强烈的对比。

一个经典的例子是《塞尔达传说》系列中的加农多夫，他是该系列中的常驻反派，以其强大的力量、野心和对权力的渴望而闻名，如图 6-15 所示。

图 6-15

加农多夫通常被描绘为一个高大、肌肉发达的男性，拥有独特的绿色或黄色的皮肤，锋利的眼睛和长长的红色头发，这些外貌特征使他显得既邪恶又威严。他的着装往往是黑色或深绿色的盔甲，彰显他的高贵身份和强大力量。

性格方面，加农多夫通常表现出高度的智慧、狡猾和冷酷无情，他的目标是统治或毁灭塞尔达的幻想世界。他与主角林克形成鲜明对比，林克是典型的英雄人物，勇敢、正直且不懈追求正义。加农多夫的野心和林克的英勇构成了游戏中动人的叙事对立。

动机和目标：明确反派的动机和目标，这将为游戏的剧情提供核心冲突点。反派的目的可能是追求权力、财富、复仇或者实现其他极端的理念。了解反派的动机将使玩家更加投入地与之对抗。

3. 盟友（或伙伴）

角色特点：盟友（或伙伴）的外貌和性格应各具特色。他们可以是主角的朋友、同伴或志同道合的人。通过不同的角色特点，为游戏增添多样性和互补性。

《暖暖环游世界》这款游戏属于时尚搭配和角色扮演类游戏，主角暖暖在游戏中与多位盟友合作，旅行世界各地，参与服装比赛，解决各种谜题，如图 6-16 所示。

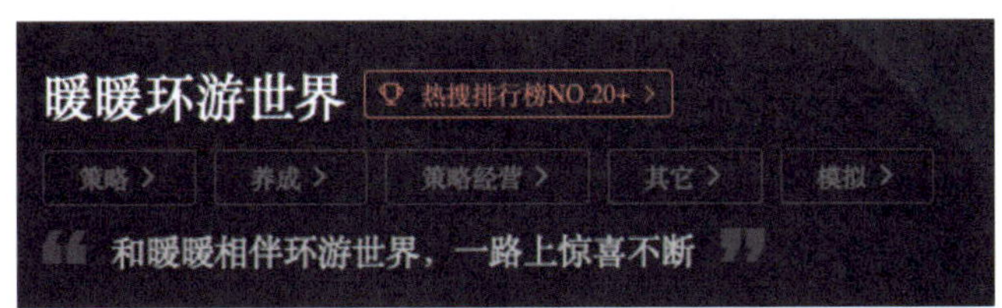

图 6-16

优优是暖暖在环游世界过程中结识的盟友，她和暖暖一起经历了许多冒险，并且会给暖暖一些帮助和支持。

江川南也是暖暖结识的朋友，他是一名摄影师，会给暖暖拍摄照片，并且在暖暖遇到困难时也会提供帮助。

这些角色不仅增加了游戏的故事深度，还通过他们的专业技能和性格特点，增强了与主角的互补性，使游戏体验更加丰富和多样化。

他们与暖暖之间的互动和关系对游戏的进程有着直接的影响，帮助玩家在不同的挑战中取得成功。

4. 导师

导师存在的意义：导师或引导者通常是经验丰富、智慧超群的角色。他们的存在为主角提供指导和启示，帮助主角在游戏中不断成长。

角色发展的影响：导师的教导和指导将对主角的成长和发展产生重要影响。他们可以传授技能、分享智慧或者引导主角走向正确的道路。

《逆水寒》这款游戏以江湖世界为背景，玩家通过多样的活动和选择来塑造自己的江湖命运，如图 6-17 所示。这个游戏里面有一个重要的角色——孤山老人，他扮演了游戏中的导师和引导者的角色。完成孤山老人的任务线后，玩家将获得丰厚的经验值奖励、独特的装备和道具，以及孤山老人的好感度提升。

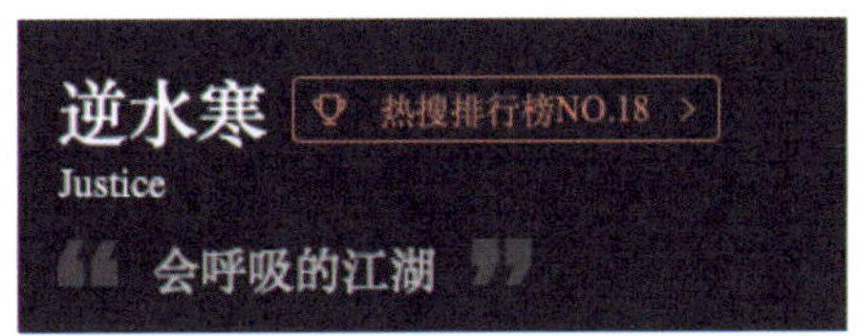

图 6-17

5. 神秘角色

神秘角色的存在会激发玩家的好奇心和探索欲望，通过营造神秘的氛围，让玩家对他们的身份、目的和能力充满疑问。

随着游戏的进展，逐步揭开神秘角色的谜团，让玩家在解谜的过程中感受到惊喜和满足感。

在游戏《梦幻西游 2》中，玄奘的身世之谜是一个重要的剧情线索。玩家在游戏中通过完成一系列任务，逐渐揭开玄奘的身世谜团。

在游戏中，玄奘被揭示出是皇室之后，但因为逆反政治态度被废黜。他隐姓埋名成为和尚，在佛学和修行中找到了自己的生命意义。玩家需要和玄奘一起挑战命运，解开谜团，最终帮助他成功取经。

6. 搞笑角色

搞笑角色应具备幽默的台词和滑稽的行为。他们可以通过夸张的表演和搞笑的情境为游戏带来轻松和欢乐的氛围。

7. 配角

丰富背景：设计各种各样的配角，他们可以来自不同的社会阶层、职业背景或文化背景。配角的存在丰富了游戏的世界，为玩家提供更多的互动和任务机会。

角色关系网：构建复杂的角色关系网，包括友谊、敌对、竞争等各种关系。这将为游戏的剧情发展和社交互动创造更多的可能性。

例如游戏剧本《我逆袭了》，这个游戏剧本里面包含了我说的以上几个人物的设定。

- 游戏的女主角（如图 6-18 所示）。

鹿敏敏：她源于另一世界，穿越来至书中，最初，她是一位体重达 160 斤的胖女孩，然而最终却成功实现逆袭，成为了顶流爱豆。其性格坚毅，从不服输，可谓是遇挫更勇。此外，她还心怀炽热，乐于助人，持有极为端正的三观。于整个剧本之中，她不但收获了真挚的友情，更获得了美好的爱情。

图 6-18

四个男主角如下。

①韩廷御（如图 6-19 所示）。

图 6-19

他拥有一切让人羡慕的配置，为了加强与女主角的联系，我特意将他设定成和女主角有婚约。

在退婚的过程中，他原本以为女主角会和他想象中的一样，平凡且普通。然而，事实却让他大吃一惊，女主角现在的性格竟然与他的想象大相径庭。

在两人相处的日子里，他逐渐发现女主角身上有着许多独特的闪光点。她的聪慧、坚韧和善良，都深深地吸引着他。

随着接触的增多，他对女主角的感情也渐渐产生了变化。原本只是出于责任和义务的接触，如今却变成了一种期待和渴望。

他开始重新审视这段婚约，思考自己对女主角的感情。他意识到，自己已经在不知不觉中陷入了爱情的漩涡，而女主角也成为了他生命中不可或缺的一部分。

②丁程昕（如图 6-20 所示）。

他的角色是备受瞩目的顶流爱豆，原本只是选秀比赛的评委。在那场比赛中，他给予了女主角关键的晋级一票。

女主角的每一次表演，都充满了出其不意的惊喜。她的独特风格和创作能力，让这位顶流都深感佩服。

在慢慢地接触过程中，他逐渐发现了女主角的独一无二之处。她不仅在舞台上光芒四射，在生活中也有着别样的魅力。

随着时间的推移，两人的交流逐渐增多。他们分享着彼此的喜怒哀乐，互相支持和鼓励。在这个过程中，他对女主角的好感也愈发深厚。

他们一起经历了许多挑战和困难，但都凭借着彼此的陪伴和支持克服了过来。这段经历让他们更加珍惜彼此，也让他们的感情变得更加坚定。

图 6-20

③杨斯威（如图 6-21 所示）。

这位经纪人拥有典型的“口嫌体正直”的特质配置。他是一位超级经纪人，以其专业素养和卓越能力在业界享有盛誉。

他的性格十分傲娇，常常表现出一种高冷和不易接近的姿态。在最初接触女主角时，他对女主角并不抱有太大的希望，甚至可能对她抱有一些质疑和偏见。

然而，当他逐渐看到女主角所展现出的卓越才华时，他的态度开始慢慢转变。女主角的才华就像一道闪耀的光芒，穿透了他心中的傲慢与偏见，渐渐吸引着他的关注。

随着时间的推移，他开始更加深入地了解女主角，发现她不仅拥有非凡的才华，还有着坚韧不拔的毅力和积极向上的人生态度。这使得他对女主角的欣赏和尊重日益增加，同时也激发了他想要帮助女主角实现梦想的决心。

图 6-21

在这个过程中，他逐渐放下了自己的傲娇，与女主角建立起了一种特殊的默契和信任关系。他开始全力以赴地支持女主角，用自己的专业知识和经验为她的事业发展助力，帮助她走向成功的道路。

④周哲（如图 6-22 所示）。

他是一位天才程序员，而女主角后妈的儿子这一身份，让他与女主在本质意义上毫无血缘关系。

他自幼便缺乏母爱，对母亲毫无好感，这种情绪连带着使他在一开始对女主角也心生厌恶。

然而，渐渐地，他发现女主角似乎与他之前所认知的完全不同。她有着独特的魅力和性格特点，逐渐打破了他对她的固有看法。

图 6-22

他一边内心暗自嫌弃着女主角，一边又总是不由自主地被她所吸引。这种矛盾的情感在他心中交织，使他陷入了一种微妙的状态。

在这个过程中，两人的接触逐渐增多，他们开始慢慢了解彼此，也逐渐发现了对方身上的优点和闪光点。最终，感情在他们之间悄然滋生。

- 配角的设置。

在这个游戏里面，我精心设置了众多的配角，涵盖了正派角色与反派角色。每个角色都被赋予了其独特的标签。

就拿女团成员来说，我特意设定了正派与反派。如此一来，便增大了她在工作中取得成功的难度。在日常生活中，我同样精心构思了正派和反派的人物形象。

这些设定丰富了游戏的情节和故事线，使其更加富有戏剧性和挑战性。正派角色可能会成为她的盟友和支持者，为她提供帮助和鼓励；反派角色则会给她制造各种困难和阻碍，让她面临更多的考验和挑战。

通过这样的设定，玩家需要更加策略性地应对不同角色的行为和影响，以帮助她在游戏中取得成功。

这样的设计不仅增加了游戏的趣味性和可玩性，还能让玩家更深入地体验到角色的成长和挑战。

6.2.2 游戏剧本的世界背景

游戏剧本的世界背景设定是创建一个引人入胜且丰富多彩的游戏世界的基础，它不仅为游戏的剧情和玩法提供了框架，还能让玩家更深入地沉浸在游戏体验中。以下是关于游戏剧本世界背景设定的一些关键方面，如图 6-23 所示。

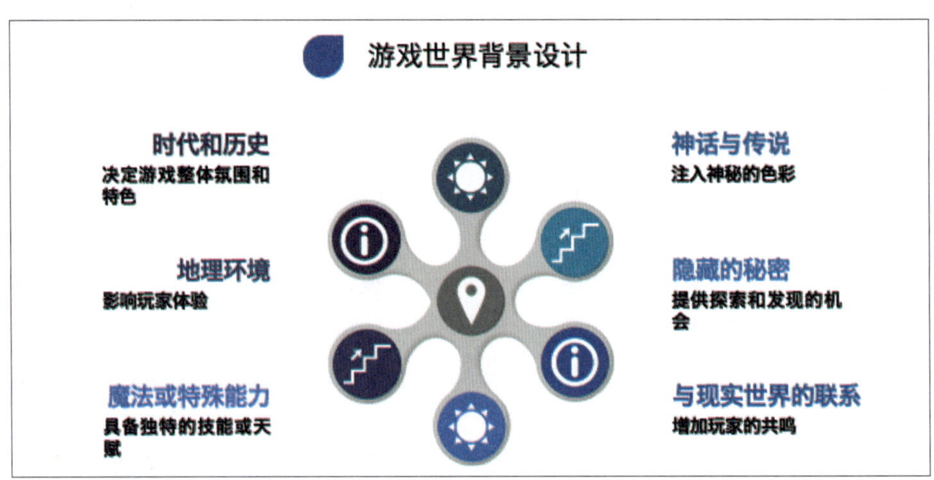

图 6-23

1. 时代和历史

时代和历史背景的设定决定了游戏世界的整体氛围和特色。你可以选择将游戏设定在现实世界的某个特定时期，如古代、现代或未来，或者创造一个完全虚构的历史时代。

每个时代都有其独特的文化、社会结构、科技水平和政治环境，这些因素将直接影响游戏的剧情、角色形象以及玩家的游戏体验。

例如，一个设定在古代的游戏可能会强调封建社会的等级制度、传统的战斗方式和神秘的魔法力量；而一个设定在未来世界的游戏可能会展现高科技设备、先进的交通工具和未知的科技挑战。

2. 地理环境

地理环境的描述包括地形、气候、地貌等自然特征，这将影响游戏世界的外观和玩家的探索体验。

想象一下，游戏世界可以是广袤的沙漠、茂密的森林、高耸的山脉、广阔的海洋或者神秘的地下洞穴。不同的地理环境会对游戏的场景设计、任务设置和玩家的行动方式产生影响。

例如，在一个以山区为主的世界中，玩家可能需要攀爬陡峭的山峰，解开隐藏在山谷中的谜题；而在海洋主题的游戏中，玩家可能会驾驶船只航行于波涛汹涌的大海，探索神秘的岛屿。

3. 魔法或特殊能务

魔法或特殊能力系统的设定是游戏世界独特性和角色成长的核心驱动力。它定义了超越物理法则的力量存在形式，获取方式，使用代价及其对社会的深远影响。这个系统直接决定了战斗风格、问题解决途径、社会阶层划分以及世界的生态规则。

例如：一个设定为“血脉魔法”的世界，能力基于古老家族传承，使用过度会导致身体异化，魔法贵族掌控社会，平民恐惧又依赖他们。

4. 神话与传说

神话与传说构成了游戏世界的文化根基和精神信仰。它们解释了游戏世界的起源以及各种自然与超自然现象的由来。这些故事深刻影响着游戏里居民的价值观、道德标准、行为准则等。

例如，一个游戏世界里流传着“日月是两位争斗古神的化身”的传说，它影响着历法、各类冲突和对天象的解读。

5. 隐藏的秘密

隐藏的秘密是埋藏在游戏世界表象之下的真相、阴谋以及被遗忘的历史。它们是驱动剧情反转，激发玩家探索欲望，揭示世界深层矛盾的关键伏笔。这些秘密可能被少数人守护，被权力者掩盖，在时间长河中湮没，或是尚未被发现的未知领域。

例如，一个看似由国王统治的国家，其王座背后实际由宫廷法师操控。

6. 与现实世界的联系

你可以选择将游戏世界与现实世界建立一定的联系或参照，可以通过类似的文化元素、历史背景或现实世界的问题来实现。这种联系可以增加玩家的共鸣和对游戏世界的认同感。

在设定游戏剧本的世界背景时，要确保各方面之间的协调性和一致性。背景设定应该与游戏的主题、目标和玩家群体相匹配，同时要考虑到游戏的可玩性和趣味性。

通过细致而丰富的世界背景设定，玩家将更容易沉浸其中，与游戏中的角色和环境产生情感共鸣，全身心地投入游戏的冒险之旅中。

我的游戏就是构建了一个虚拟的世界，在这个虚构的世界里，女主一步一步从“素人”变成了顶流爱豆，如图 6-24 所示。

图 6-24

在这个过程中，女主不断提升自己的能力，包括歌舞、表演、形象等方面，同时也需要面对各种挑战和困难，如竞争对手的打压、媒体的负面报道等。

游戏世界的背景需要跟随你游戏的设定适当改变，这样前端的读者才能更加沉迷于你的剧本当中。

6.2.3 游戏剧本角色的能力与技能

游戏里每个角色都具备独特的技能，就像游戏《王者荣耀》一样，其中的不同人物，技能各异。

例如后羿，他的技能设计紧密围绕其“射手”定位。一技能可强化自身普攻，增加输出；二技能可进行范围攻击，对敌人造成伤害和减速效果；大招则是远距离控制技能，可对命中的敌方英雄造成晕眩。

这种技能设置既符合后羿的角色特点，又能让玩家通过技能组合，在游戏中发挥出不同的战斗策略，增加了游戏的趣味性和策略性。

下面介绍角色的能力和技能是如何去设置，如图 6-25 所示。

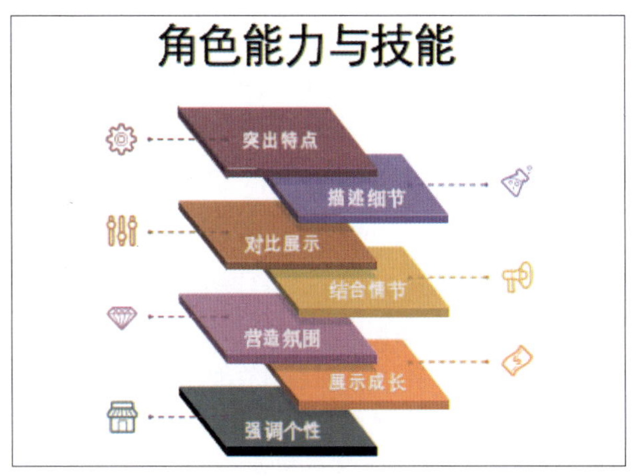

图 6-25

突出特点：明确角色的主要能力和技巧，在剧本里用简洁明了的语言概括出来。例如：“她是一位治愈系女神，拥有强大的治疗能力，能让队友瞬间恢复活力。”

描述细节：通过详细的描述来展现角色的能力和技巧。例如：“他的剑术精湛，每一次挥剑都犹如翩翩起舞，攻守兼备，令人赞叹。”

对比展示：将角色的能力与其他角色或一般情况进行对比，突出其独特之处。例如：“相较于其他法师，她的魔法不仅具有破坏力，更重要的是，她能用其强大的治愈魔法在瞬间恢复盟友的健康，保护整个团队免受伤害。”

结合情节：将角色的能力和技巧与游戏中的情节和场景相结合，让读者更好地理解其重要性和应用方式。例如：“在危急时刻，他凭借着敏捷的身手和出色的侦查能力，总能率先发现敌人的弱点，为队伍带来胜利的转机。”

营造氛围：使用形象生动的语言营造出角色能力和技巧所带来的氛围和效果。例如：“她的歌声如梦如幻，能让听众沉浸其中，感受到无尽的温暖和治愈。”

展示成长：如果角色在游戏过程中有成长和发展，可以描述其能力和技巧的提升过程。例如：“经过不断的磨炼，他的射击技巧越发娴熟，成了队伍中的王牌狙击手。”

强调个性：将角色的能力和技巧与个性特点相结合，展现出角色的独特魅力。例如：“他的智慧和策略让他在战场上无往不利，同时他的温柔和善良也赢得了众多队友的喜爱。”

在我所设置的游戏剧本中，她具备创作、唱歌、跳舞等多方面的卓越技能，这些技能使得她在游戏中无所不能，如图 6-26 所示。

图 6-26

这些技能不仅让女主在游戏的音乐和表演领域大放异彩，还为她在其他方面的发展提供了坚实基础。

无论是面对游戏中的挑战还是机遇，女主都能凭借其全能的技能应对自如。

她可以通过创作和表演来赚取资源，提升自己的实力和地位，在与其他角色的互动中，女主的多才多艺也使她成为众人瞩目的焦点。

这样的设置为玩家带来了更多的乐趣和挑战，让他们能够尽情体验女主的辉煌成就。

6.3 故事情节

通过角色的设定，你已经有了一个初步的游戏剧本雏形，那么接下去最重要的环节，就是故事情节，这是游戏剧本的重中之重。

6.3.1 主线任务与目标

游戏的主线任务是玩家在游戏世界中的核心驱动力，它通常构成了游戏故事的主干，引领玩家深入探索游戏的世界观和人物。一个好的主线任务不仅具有吸引力，而且能够提供连贯的故事体验，让玩家感受到角色成长和剧情发展的连续性。

我们就来用一个乙女类型的游戏来举例子，乙女游戏通常以女性玩家为主要目标受众。以下是一个乙女游戏的主线任务和目标的示例。

主线任务：在这个游戏中，玩家将扮演一位女主角，身处在一个充满奇幻色彩的世界里。她的任务是与不同的男性角色展开浪漫的故事，建立深厚的感情，并解开隐藏在这个世界背后的谜团。

任务目标如下。

结识男性角色：游戏中有多个具有独特魅力的男性角色，玩家需要通过各种事件和互动来结识他们。每个男性角色都有自己的背景、性格和故事线，玩家可以根据自己的喜好选择与他们发展感情。

发展感情：与男性角色进行互动，包括对话、完成任务、共同经历剧情等，以增加彼此之间的了解和感情。玩家需要根据男性角色的喜好和反应，做出合适的选择，以提升他们对自己的好感度。

解开世界谜团：在游戏的进程中，会逐渐揭示出一些神秘的事件和谜团。玩家需要通过与男性角色的合作，收集线索，解决谜题，逐渐揭开这个世界背后的真相。

做出选择：随着剧情的发展，玩家需要面对不同的选择和决定。这些选择将影响与男性角色的关系发展，以及游戏的最终结局。

达成美好结局：根据玩家的选择和行动，游戏会有多种不同的结局。玩家的目标是通过合理的决策，与心仪的男性角色达成美好的结局，体验浪漫和幸福的感觉。

当然，你也可以在游戏剧本里设计更多好玩的情节。

浪漫互动：游戏中可以设计各种浪漫的互动场景，如约会、送礼物、共同参加活动等，让玩家感受到与男性角色之间的甜蜜和心动。

剧情分支：根据玩家的选择，游戏剧情可以有多个分支，每个分支都带来不同的体验和结局，增加游戏的重玩性。

角色个性化：每个男性角色都有自己独特的性格、爱好和技能，玩家可以通过了解他们，更好地与他们互动，并发展出独特的感情故事。

社交元素：游戏可以加入社交功能，让玩家与其他玩家分享游戏心得、交流攻略，甚至举办线上活动。

这样的主线任务和目标设计可以让玩家在乙女游戏中体验到浪漫、情感和剧情的乐趣，同时通过自己的选择和决策来影响游戏的发展和结局。当然，具体的游戏内容和设计还可以根据开发者的创意和玩家的需求进行进一步的扩展和细化。

另一方面，主线任务也可以设计得更为个性化，如果写一个侦探类型的剧本，玩家需要解开一连串复杂的谜题，追踪线索，面对道德困境，最终揭露背后的真相。这种类型的游戏强调思考和策略，主线任务通过一步步的调查和推理，让玩家深入参与故事的发展中，体验作为侦探的紧张与兴奋。

6.3.2 支线剧情与隐藏任务

支线剧情和隐藏任务在游戏中扮演着至关重要的角色，它们不仅丰富了主线故事，也提供了额外的探索和挑战，让玩家更加深入地体验游戏世界。这些任务经常揭示角色的背景故事、隐藏的游戏元素或者独特的奖励，增加了游戏的深度和可玩性。

1. 支线剧情

支线剧情通常是与主线任务平行发展的故事线，可能涉及主要角色的个人问题、未解之谜或是小规模的冲突，它们为玩家提供了更多自由选择的机会，使得游戏体验更为个性化和多样化，如图 6-27 所示。

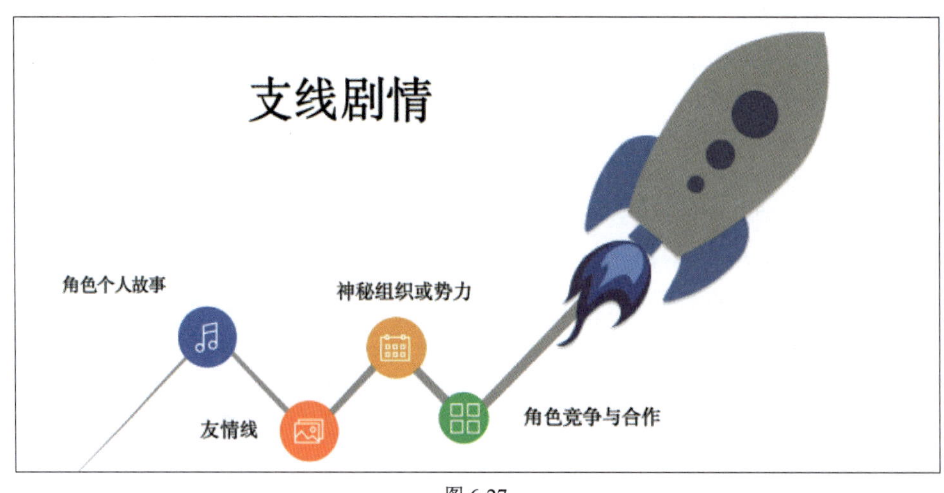

图 6-27

角色个人故事：我们在写游戏剧本时，可以把角色的个人故事设置到支线剧情里，每个角色都有自己的背景故事和个人经历。通过解锁支线剧情，玩家可以更深入地了解他们的过去、梦想和内心世界。

友情线：除了爱情，玩家也可以与其他角色建立深厚的友情。支线剧情展示主角与朋友之间的共同冒险、互相支持和成长。

神秘组织或势力：游戏中可能存在一个神秘的组织或势力。玩家可以通过支线剧情逐渐揭开他们的目的和秘密。

角色竞争与合作：角色之间可能会有一些竞争或合作的情节，玩家可以参与其中，影响他们之间的关系。

2. 隐藏任务

隐藏任务则需要玩家通过仔细探索或完成特定条件才能解锁，常常包含独到的故事片段或珍稀物品，给予玩家一种成就感和惊喜感，如图 6-28 所示。

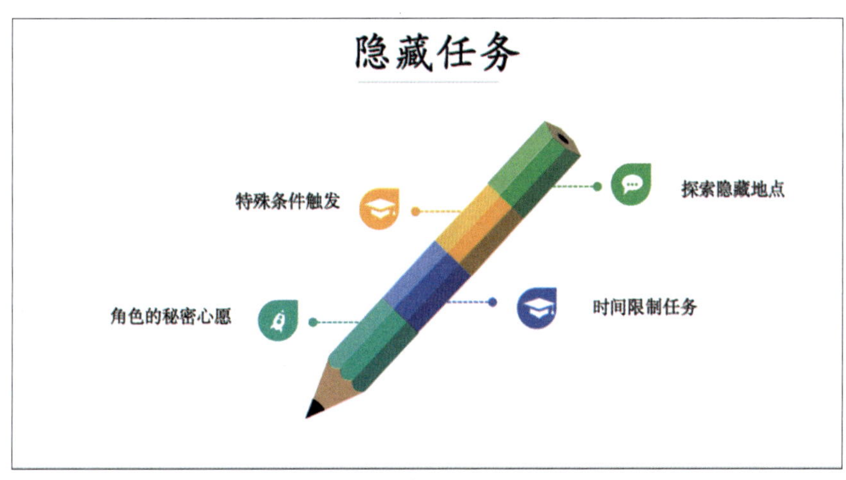

图 6-28

特殊条件触发：隐藏任务可能需要满足特定的条件才能触发，例如在特定时间、地点或完成特定的主线任务后。

角色的秘密心愿：某些角色可能有隐藏的心愿或目标，玩家需要通过与他们的深入互动来发现并帮助他们实现。

探索隐藏地点：游戏中存在一些隐藏的地点，只有通过特定的方法或任务才能找到。这些地点可能隐藏着珍贵的物品或重要的线索。

时间限制任务：隐藏任务可能有时间限制，要求玩家在特定的时间段内完成，增加游戏的紧迫感和挑战性。

在我的游戏剧本中，特别设计了一些隐藏任务，就是收集好感度。玩家通过与四个男主互动，逐步积累他们的好感度。

每次成功收集，都将触发新的剧情。这不仅为游戏增添了更多的变数和趣味性，还能让玩家更深入地了解每个男主的性格和故事。

不同男主的好感度剧情各具特色，有的浪漫甜蜜，有的紧张刺激，有的感人至深。玩家可以根据自己的喜好和选择，体验不同的剧情发展，与男主们展开独特的故事。这种设计丰富了游戏的玩法和内容，使玩家在游戏中获得更多的乐趣和满足感。

支线剧情和隐藏任务的设计可以丰富游戏的内容，让玩家更深入地了解游戏世界和角色。它们为玩家提供了更多的选择和探索的空间，增加了游戏的重玩性和趣味性。

同时，这些任务也可以为游戏的结局和角色关系的发展带来更多的变化和可能性。

最后，记得根据游戏的整体风格和主题，巧妙地设计这些支线剧情和隐藏任务，为玩家带来更多惊喜和乐趣。

6.3.3 剧情转折点与高潮

写好游戏剧本的转折点和高潮的确需要一些技巧和创造力，创作者需深入理解游戏的核心概念和目标玩家群体，以便精准设置情节。

在技巧方面，合理安排剧情的起承转合至关重要。通过设计意料之外而又情理之中的转折点，可以有效提升游戏的趣味性。

这种精心设计的情节和高潮，不仅增强了游戏的沉浸感，也使得游戏过程更加紧张刺激，令玩家难以忘怀。

为了实现这一目标，创作者要不断挖掘新颖的创意。我结合我自己的经验给大家一些建议，如图 6-29 所示。

图 6-29

提前规划：在编写游戏剧本之前，先构思好整体的故事结构和情节走向，确定哪些部分将是转折点和高潮，以及它们在故事中的位置和重要性。

制造紧张和冲突：在转折点之前，可以逐渐增加紧张和冲突的程度，让玩家感受到故事的张力。这样在转折点到来时，会产生更大的冲击力。

角色成长和变化：让角色在转折点和高潮中经历重大的成长和变化，可以是性格的转变、技能的提升或对世界的新认识，使角色的发展与剧情的发展相互呼应。

选择的重要性：在转折点和高潮处，给玩家提供重要的选择。这些选择会直接影响故事的发展和结局，让玩家感受到自己的决策对游戏世界产生的影响。

意外和惊喜：引入一些意外的元素或情节反转，让玩家感到惊讶和兴奋。可以增加故事的趣味性和不可预测性。

节奏和张力的控制：合理控制故事的节奏，在转折点和高潮之前适当减缓节奏，营造紧张氛围，然后在关键时刻释放张力，带来强烈的冲击。

多层次的体验：不仅仅依靠单一的情节元素来构建转折点和高潮，可以结合战斗、解谜、剧情发展等方面，给玩家提供多层次的体验。

呼应和连贯性：确保转折点和高潮与整个剧本的其他部分相互呼应，保持故事的连贯性和逻辑性。

测试和反馈：完成剧本后进行测试和收集反馈，观察玩家的反应，了解哪些部分产生了预期的效果，根据反馈进行必要的调整和改进。

在我的剧本设置中，存在众多选择，这些选择是剧情的转折点，如图 6-30 所示。由于错误选择的存在，玩家的游戏可能随时结束。这要求玩家必须谨慎思考，仔细权衡每一个决定。

图 6-30

同样，高潮的设计也遵循此原则。每当面临困难时，玩家需要通过选择来克服它们。每个选择都可能影响游戏的走向和结果，因此玩家必须慎重对待。

这种设计增加了游戏的挑战性和紧张感，使玩家更加投入，他们需要不断思考、尝试，以找到最佳的解决方案。同时，这也让游戏更加富有变化和趣味性，因为不同的选择将带来不同的游戏体验。

最重要的是，要不断尝试和创新，根据游戏的主题和目标，创造出独特而令人难忘的转折点和高潮。同时，要考虑玩家的体验和情感反应，让他们全身心地投入到游戏的剧情中。

6.3.4　故事结局的多种可能性

游戏剧本结局的多种可能性为玩家带来了极为丰富的游戏体验，并赋予了游戏重复游玩的价值。不同的结局为玩家提供了多样的情感体验，或喜悦，或悲伤，或满足，使其更深入地沉浸在游戏世界中。

多种可能性让玩家能够根据自己的喜好和决策来塑造游戏进程，增强了游戏的互动性和参与感。这不仅增加了游戏的趣味性，还激发了玩家的探索欲望，促使他们多次游玩以探索不同的剧情分支。

而且，每次游玩都可能带来全新的发现和体验，延长了游戏的寿命，使其具有更高的重玩价值。

以下是一些实现游戏结局和多种可能性的方法，如图 6-31 所示。

图 6-31

多结局设计：设置多个不同的结局，玩家的选择和行动将决定他们最终走向哪个结局。每个结局都可以有不同的情节发展、角色命运和故事结果。

选择分支：在游戏中提供各种关键的选择点，让玩家根据自己的喜好和决策来影响剧情的走向。这些选择可以导致不同的剧情路径和结局，如图 6-32 所示。

角色关系影响：玩家与其他角色的互动和关系的发展也可以影响结局。不同的角色互动和好感度的变化可能会开启特定的结局。

成就系统：通过完成特定的任务、达成特定条件或获得特定的成就，玩家可以解锁额外的结局或特殊情节。

随机事件：引入一定程度的随机性，例如随机遇到的事件或变量，使得每次游戏过程可能会有不同的结果和结局。

隐藏结局：设置一些隐藏的条件或特定的行为，只有满足这些条件才能触发隐藏的结局，给玩家带来额外的探索和发现的乐趣。

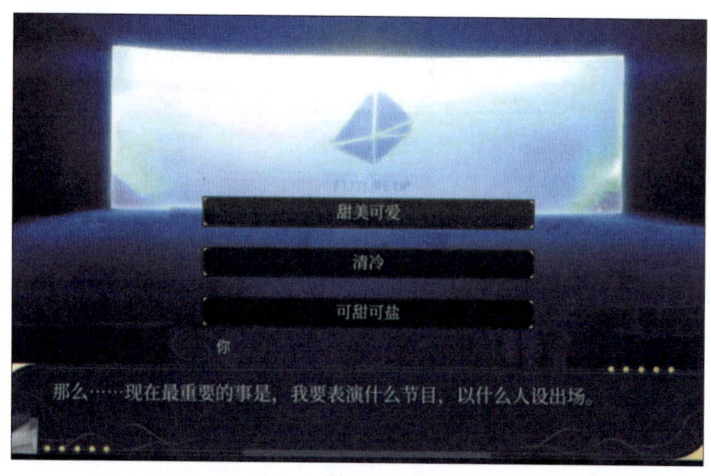

图 6-32

在我的游戏中，最终设置了 5 种结局，女主可以与任何一个男生在一起，满足了不同玩家对于感情线的期待。我还特意设计了一个大女主的结局，让女主一心专注于事业。这个结局为游戏增添了独特的魅力。它展示了女主在事业上的追求和成就，强调了女性独立自主的精神。

玩家可以感受到女主凭借自身努力获得成功的喜悦和成就感。这不仅丰富了游戏的多样性，也为玩家提供了更多选择。无论是选择感情还是事业，玩家都能在游戏中找到自己喜欢的结局，获得满足感。

这种设计使游戏更加富有深度和内涵，让玩家在游戏中体验到不同的人生可能性。

6.4 游戏剧本的具体案例

游戏剧本的格式究竟应该怎么样去写，下面通过我自己的游戏剧本举例说明。

每一次主角做出不同的选择，都会改变游戏的走向，所以，我们在设计剧情之前就应该想好大体的游戏走向，如图 6-33 所示。

你来现场前认真研究过节目，其特点是主要聚焦嘉宾的成长分享，寻找自己的故事，通过访谈，展示嘉宾的经历，诠释每个人对生活的不同理解。

录制现场。

当主持人介绍到你时，演播厅一下子沸腾了！

要知道你现在也是凭着自己的努力，一路斩获了好几个国际大奖，国内外知名极高。

在众人的欢呼中。

你踩着高跟登上舞台，姿态说不尽的优雅。

你先朝观众打招呼，然后转身走向主持人，准备握手向对方示意。

可是……

主持人并未站起来，于是现场就出现了一幕令人匪夷所思的情景。

主持人坐在沙发上，翘着二郎腿同你握手，而你出于礼貌，并未拒绝。

【主持人】“（眼神高傲）XX，请坐。”

看着主持人傲慢无礼的举止，你轻轻蹙眉，你选择

图 6-33

注意，下面就是游戏主角人物进行选择的时候了，如图 6-34 所示。

#直接指出对方的问题

你心想这么个王牌节目主持人，连最基本的礼仪都没有，着实不应该。

现场众人也是一脸蒙圈。

【你】“（歪着头，笑着说）难道不站起来欢迎一下吗？”

你用开玩笑的口吻，表达出自己的不满，直接点出主持人待人接物方面的问题。

节目组其他工作人员都投来了异样的眼光。

主持人脸一红，马上站了起来，快步走来和你抱了抱。

你也是回以礼貌，在看不见的地方微微勾唇。

这一场，告捷！

智慧+5 魅力+5

#微微皱眉没有多说

这位主持人采访过很多名人作家，按理来说为人处世应该是经验十足，不会犯这种低级错误。

虽然你心中疑惑，有点不舒服，但是准备再看看。

你很善良，所以第一时间想到对方可能不是故意的。

压力+20

图 6-34

第 7 章 ⏩ 短视频文案写作

“

现如今，短视频已成为大家生活里不可或缺的一部分。想要做好短视频，出色的文案和优秀的写作能力是必不可少的。下面将具体介绍几大短视频平台的写作及成长方法。

”

7.1 短视频创作者的财富故事

短视频创作者通过创作优质内容吸引了大量粉丝，实现了财富自由，他们当中有的是因为诙谐幽默的内容吸引了读者的眼球；有的是通过分享生活方式和旅行体验，让观众通过屏幕体验不同的文化和美景；还有的是专注于提供专业的健康和健身指南，助力观众改善生活质量。

账号“桂先家庭教育”的自媒体作者是北大心理学硕士，她的团队在短视频平台分享自己的学习经历及育儿观念，如图 7-1 所示。她们有非常先进的教育理念：强调不焦虑的科学教育，致力于帮家长培养能够应对未来挑战的成年人。这种理念的提出，让更多的家长关注她们，她们用自己的专业知识收获了全网千万粉丝的关注，更是用知识通过短视频成长，实现了财富自由。

图 7-1

当然，我们也可以看到非常多的博主在短视频平台活跃，有的教减肥，有的教画画，还有的教你怎么开发客户，这些多样化的内容不仅丰富了观众的日常生活，也使得创作者能够通过各种渠道和广告合作获得经济收益。

想要做好自媒体，第一步就是要写出吸睛的文案，现在主流的短视频平台是抖音、小红书、B 站，还有微信视频号。接下来，我将着重介绍部分平台的文案特色与创作风格。

7.2 抖音文案的 8 大写作技巧

抖音作为现在流量最大的短视频平台，要想通过它来成长，基本就是要写好短视频的文案。文案是短视频的基础，有特色的文案才会吸引前端读者的目光，如图 7-2 所示。

图 7-2

7.2.1 简洁性

在抖音这样的平台，用户浏览内容的速度非常快，因此文案需要迅速吸引他们的注意力并传达关键信息，这就要求文案必须是简洁和直接的。编写文案时，需要遵循以下几点，如图 7-3 所示。

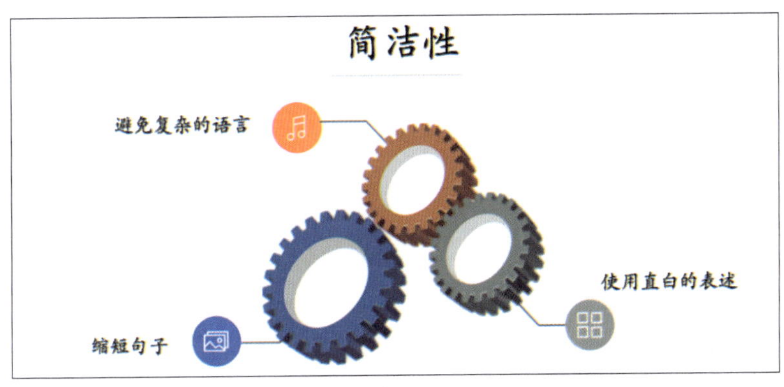

图 7-3

- 避免复杂的语言：使用简单、日常的语言而不是复杂或行业特定的术语，可以让更广泛的观众群体理解你的内容。例如，如果你要介绍一款新的健康应用，避免使用如“生物标志物监测”这样的复杂表述，改用“追踪你的健康”这种更通俗的说法。
- 使用直白的表述：直白地告诉观众你的视频要传达什么信息。例如，如果你的视频是环保主题，可以直接使用诸如“如何仅用一周时间减少塑料垃圾的方法”的文案。这种方式不仅清晰地说明了视频的内容，还直接呼应了观众可能感兴趣的实际应用。
- 缩短句子：长句子可能会导致观众失去兴趣。试着将信息分解成易于消化的小块，每个小块只传达一个关键信息。例如，代替长篇大论的解释，使用简短有力的声明，如“使用再生塑料，保护我们的地球。”

7.2.2 有效地传达关键信息

在抖音平台，前 15 s 至关重要，这是捕获观众注意力和传达核心信息的关键。在这 15 s 中，要学会有效地传达关键信息，如图 7-4 所示。

图 7-4

1. 强调重要信息

在文案开始时强调最重要的信息，可以通过文案、图像或声音等方式来强调。例如，如果你正在推广一款新游戏，可以在视频的第一帧中使用大号文字标注“新游戏发布！”来立即吸引观众。

2. 重复关键信息

在文案中重复关键信息可以增加观众记住这一信息的概率。例如，如果你的目标是推广一个特定的产品优惠，可以在视频开始、中间和结束时提到这一优惠，确保观众能够记住这一点。

3. 使用视觉提示

视觉提示可以帮助强调并重申你的消息。使用动态文本或关键图像来强调你的要点，可以使信息更加突出和难忘。

例如，如果你的视频是健康饮食主题，你可以在谈到每种食物时使用醒目的图标或图像来吸引观众的视觉注意力。

4. 利用故事叙述

通过一个引人入胜的故事来传达信息，可以更好地吸引和保持观众的注意力。构建一个围绕你产品或服务的简短故事，让观众在享受故事的同时了解到关键信息。

例如，通过讲述一个人通过自我提升而改变生活的故事，可以有效地传递学习的好处。

通过上述技巧，可以确保你的抖音文案不仅简洁明了，而且能够在极短的时间内有效地吸引和维持观众的注意力。我们来看下面这个文案：

2024 年提升自律的五大策略，让你的生活更有序！

首先，设定清晰的日常目标，每天完成列表，保持进度可视化。接下来，养成早起的习惯，固定每天早晨起床的时间，保持高效率与精神状态。别忘了定期运动，即使是简单的家庭锻炼，也能提升你的精力和专注力。此外，学习时间管理技巧，合理安排每日任务和休息时间，避免拖延。最后，培养读书习惯，每天阅读一定时间，增长见识，提升自我。这五大策略将帮助你在新的一年中，实现更高的自我管理和生活质量。现在就开始行动，逐步养成自律习惯，迎接更加有序的生活吧！

这种文案方式通过列出具体的行动项，直接引导观众了解和采纳有效的自律方法，既简洁又实用，非常适合在短视频平台快速传达信息。

7.2.3 有趣幽默

抖音的风格向来以轻松活泼著称，而幽默有趣的文案在其中更是具有极大的吸引力。在这个快节奏、信息繁杂的时代，人们渴望获得轻松和愉悦，幽默有趣的文案恰好满足了人们这一需求。

有趣幽默的文案能够迅速吸引用户的注意力，让他们在众多视频中停下滑动的手指。此类视频可以引发用户的笑声，释放压力，为他们带来愉悦的心情。

这种文案风格能够展现创作者的个性和创意，使作品更具独特性。通过巧妙运用夸张、反转、谐音等手法，或者结合当下流行的梗和热点，创作者能够打造出令人捧腹大笑的文案。

幽默有趣的文案还能够增强用户与创作者之间的互动和共鸣。用户可能会因为喜欢文案而留下评论、点赞或分享，从而增加作品的曝光度。

图 7-5 所示的博主就是专门科普甲骨文基础知识的，下面看她的文案：

这个视频让你彻底搞懂古代人怎么说话。总有人问我，甲骨文里这个字也像我们现在这么读吗？说实话，这个我目前也很难知道，但是咱们时间往后推一点，先秦、秦汉以及往后各朝代字的读音很多我们就能知道了。得益于一门历史悠久的学问——音韵学。

什么是音韵学？它的作用又是什么呢？音韵学也叫声韵学，是研究古代各历史时期声、韵、调系统及其发展规律的一门学问。就像咱们现在普通话有 23 个声母，39 个韵母，4 个调类，而且声母、韵母的配合也不是任意的，比如 j、q、x 就不能和 a、o、e 配。那古代也有一种特别的拼音方法，叫作反切，就是用两个汉字来记录字音，类似于前一个管声母，后一个管韵母，比如说铜就可以说是徒红切，我们就可以根据这个来判断古代一些字的读音，而且古代已经有声母、韵和声调，也有一些搭配规律，只是那个时候没有现代字母作为标音工具，所以用来标音的还是汉字，要标声母，就从同声母的汉字里选一个汉字来代表这个声母。比如宋人 36 字母，36 个汉字，每一个汉字就代表一个声母……

这个文案一开始，就用了一个幽默的开头“这个视频让你彻底搞懂古代人怎么说话”直接引起了大家的注意，所以，我们在文案创作中，也可以以这样幽默的开头给整个文案奠定一个幽默的基调，这样会让读者阅读起来更加轻松、愉快。

当然，要创作出有趣幽默的文案，也需要创作者具备敏锐的观察力和洞察力，了解用户的兴趣和喜好，掌握时下的流行趋势。同时，创作者还需要不断提升自己的创意和文案写作能力，以保持文案的新鲜感和吸引力。

图 7-5

7.2.4 情感共鸣与互动

情感共鸣是抖音文案的一项重要写作技巧，它通过触动用户的情感，引发共鸣，让他们更容易对文案产生认同感。

情感共鸣可以包含多方面，如友情、爱情、亲情等，这种共鸣能够建立起用户与创作者之间的情感纽带，让读者仿佛在里面找到了自己的故事，这也会使他们更愿意关注和支持创作者的作品，用户会觉得自己被理解和认同，从而对创作者产生更多的信任。

当然，引发情感共鸣的文案还能激发用户的分享欲望，当他们感受到强烈的情感冲击时，往往会愿意将这些文案分享给身边的人，这样就会进一步扩大作品的影响力。

那么如何引起情感共鸣与互动呢？这里分享两种常用的方法，如图 7-6 所示。

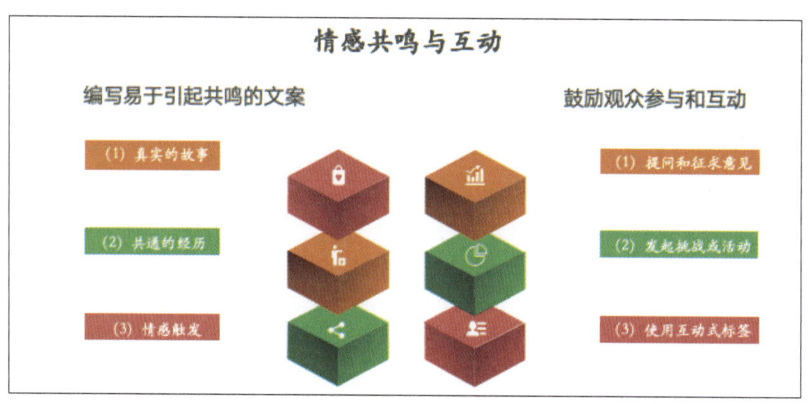

图 7-6

1. 编写易于引起共鸣的文案

引起情感共鸣的文案可以深刻影响观众，使他们感觉到与内容有个人的联系。这种类型的文案通常包含以下元素。

（1）真实的故事：分享真实的人物故事，特别是那些能够激发观众情感的故事，如挑战、成功或转变的故事。例如，描述一个经历过重大困难但最终成功创业的年轻人的故事，可以引起观众的启发和共鸣。

（2）共通的经历：挖掘观众的共通经历，如家庭、友情、职业挑战等，这些都是大多数人能够联系到自己生活的主题。例如，关于如何在繁忙的工作和生活中找到平衡的内容，可以吸引那些正在努力处理相同问题的观众。

（3）情感触发：使用具有强烈情感色彩的语言来描绘情景，使观众能够感同身受。使用形容词和副词来增强故事的感染力，如“心碎的母亲最终找到了她失散多年的儿子”。

2. 鼓励观众参与和互动

短视频目前最与众不同的地方，是任何人都可以评论或者发表自己的意见，这样会大大增加作品的热度。你的作品热度一旦增加，就会被推送到更多人的面前，所以可以在文案的最后留下一个与观众互动的钩子。那么结尾应该怎么去写呢？

（1）提问和征求意见：在视频的结尾提出一个问题，邀请观众分享他们的观点或个人经验。例如，“你如何应对工作中的压力？我非常想听听你的方法。”这样的问题可以引起观众的讨论，增加评论的数量。

（2）发起挑战或活动：鼓励观众参与到一个挑战或活动中来。例如，如果你的视频是健康饮食主题，可以发起一个为期一周的健康饮食挑战，并邀请观众上传他们的食谱和成果照片。

（3）使用互动式标签：利用抖音的互动功能，如投票、问答等来增加观众的参与度。这不仅使观众能够与内容互动，还提供了宝贵的反馈，可以用来优化后续内容。

当然为了激起前端读者的共鸣，我们需要敏锐地捕捉到目标用户的情感需求和痛点。通过深入了解用户的生活背景、价值观念和心理状态，创作者能够创作出更贴近用户内心的文案。

同时，运用真实、细腻的语言表达，能够让文案更富有感染力。生动地描绘场景、讲述故事，让用户在阅读文案时能够身临其境，感同身受。

给大家举一个例子。

最近看到这样一段话“其实，选错了就选错了，不要总是一遍遍去想如果当初，人生不可能每个选择都正确，很多事情就算重来一遍，以你当时的阅历和心智，还是会做出同样的选择，结果还是无法避免。所以不用回头看，也不必批判当时的自己，总会有不同的人，陪你看同样的风景，勇敢点，向前走。”如图 7-7 所示。

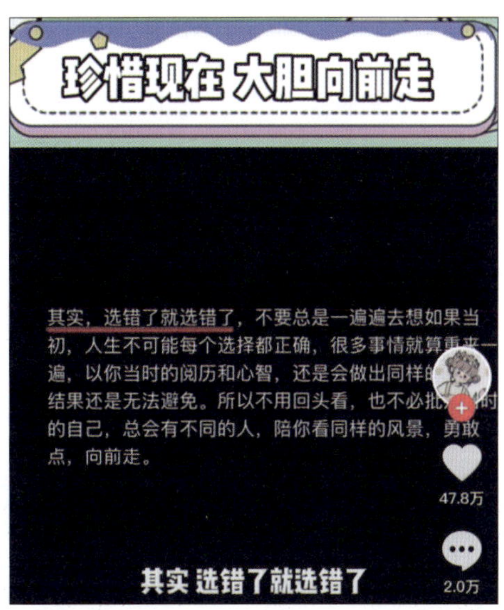

图 7-7

这个文案开头就引起了大家的共鸣，可能很多人都后悔过自己做出的选择，它却以温和的语调触动人心，成功地传达了接受过去决策和坦然面对生活的信息。它明智地提醒我们“人生不可能每个选择都正确”，鼓励大家即便是看似错误的选择也构成了我们成长的必要部分。

反复强调不必批判过去的自己，文案提供了一种释放内疚和自我批评的方式，让读者感受到情感上的慰藉和支持。最后，鼓励的话语“勇敢点，向前走”不仅是对个人内心的直接呼唤，也是激发人们积极面对未来挑战的动力。

7.2.5 突出亮点

突出亮点是抖音文案的关键要素之一，在文案中明确展示视频内容的亮点或独特之处，能够有效吸引用户点击观看。

首先，亮点是吸引用户注意力的关键。通过在文案中明确指出视频的独特之处，如新奇的创意、独特的视角、精彩的表演等，可以引发用户的好奇心和兴趣。

其次，突出亮点能够让用户快速了解视频的价值和特色。在众多短视频中，用户往往没有时间仔细浏览每个视频，因此明确的亮点表述可以帮助他们快速做出决策。

在文案中，可以使用一些方法来突出亮点。例如，使用强调词汇，如“惊艳”“独特”“震撼”等，增强亮点的吸引力。当然我们在写文案时，还需要真正地走进读者的内心，知道他们内心深处真正想要了解的东西，这样我们才能够把整个文案的亮点写出来。

7.2.6 制造悬念

制造悬念是抖音文案中一种极具吸引力的手法，通过使用一些悬念或疑问，能够激发用户的好奇心，促使他们观看视频以寻找答案。

这种方式的优势在于，它能迅速抓住用户的注意力，让他们对视频内容产生浓厚的兴趣。在众多短视频中，一个带有悬念的文案能够脱颖而出，吸引用户点击。

制造悬念可以通过多种方式实现，例如，提出一个引人入胜的问题，让用户不禁想要知道答案；或者描述一个神秘的场景或情节，引发用户的好奇心。

悬念还能营造一种紧张和期待的氛围，使用户对视频的后续发展充满期待。他们会迫不及待地点击观看，以满足自己的好奇心。

需要注意的是，在制造悬念时要把握好度。过度的悬念可能会让用户感到厌烦或失望，如果最终的答案不能满足用户的期待，可能会导致用户流失。

图 7-8 所示这篇文案的开头就制造了极大的爆点"智商 140 的女孩创起业来有多狠？ 18 岁就年入百万，23 岁便实现财富自由"。这样的文案犹如一道闪电，瞬间抓住了读者的眼球。它激发了人们的好奇心，让人迫不及待想要了解这位女孩的故事。读者会好奇她是如何在如此年轻的时候就取得如此巨大的成就，究竟是凭借过人的才智，还是独特的机遇？又或是其他不为人知的秘诀？

这种极具吸引力的文案，成功引发了读者的兴趣，使他们愿意继续往下看，一探究竟，从中汲取成功的经验和启示。

图 7-8

（截图来源于抖音账号：尚孝·寻良记）

7.2.7 引用流行文化或热梗

引用流行文化或热梗是抖音文案的一个重要特点，它具有多种优势。结合当下流行的文化元素和网络热梗，使文案更具时尚感和亲近感。

首先，引用流行文化或热梗能够让文案与时俱进，紧跟时代潮流，当下的流行文化元素往往具有较高的关注度和话题性，能够吸引用户的注意力。

其次，这种方式可以增加文案的趣味性和幽默感，让用户在阅读时感到轻松愉快，网络热梗通常具有一定的诙谐性，能够引发用户的笑声和共鸣。

通过引用流行文化或热梗，文案更容易与用户建立情感连接，用户会觉得文案更加贴近自己的生活，更容易理解和接受。

当然，我们在引用流行文化或热梗时，需要注意以下两点。

- 不要过度引用。如果只是单纯地蹭热度，你会发现，就算你蹭上了这个热度，你的内容照样不会太好。
- 在使用过程中，需要确保引用的流行文化或者热梗，是和你发表的内容高度相关的，如果和你的内容不相关，那么前端的读者也不会看。

如何去找热梗呢？可以看图 7-9 所示的截图。

抖音自带的热点榜是一个充满创意和趋势的宝库，能为我们的创作带来多方面的借鉴。它展示了当下最受关注的话题和趋势，让我们能及时捕捉到用户的兴趣点。通过热点榜，我们可以获取丰富的灵感，了解不同领域的热点事件、流行元素和热门话题，从而为自己的创作提供新的思路和方向。

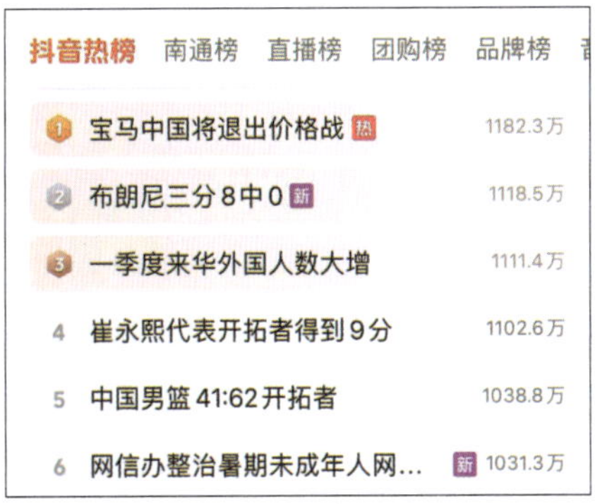

抖音热榜 南通榜 直播榜 团购榜 品牌榜
1 宝马中国将退出价格战 热 1182.3万
2 布朗尼三分8中0 新 1118.5万
3 一季度来华外国人数大增 1111.4万
4 崔永熙代表开拓者得到9分 1102.6万
5 中国男篮41:62开拓者 1038.8万
6 网信办整治暑期未成年人网… 新 1031.3万

图 7-9

7.2.8 与音乐配合

与音乐配合是提升抖音视频整体效果的一种重要方式。根据视频的音乐或背景音效，创作与之相呼应的文案，可以增强观众的观感和情感体验。

抖音平台本身一开始就是一个娱乐性质的平台，观众已经习惯了在平台上看一些有背景音乐的视频。所以，我们的文案一定要和音乐相匹配。

在文案中，可以运用与音乐相似的词汇、句式和表达方式，增强文案与音乐的协调性。例如，音乐节奏欢快时，文案可以采用活泼、轻松的语言；音乐情感深沉时，文案可以更加细腻、富有诗意。

此外，文案还可以根据音乐的情节和故事线进行创作，与音乐形成有机的整体。这样能够让观众更好地理解视频要表达的内容和情感。

最后，要注意文案的长度和出现的时间点，使其与音乐的节奏和情节发展相匹配，避免出现不协调的情况。

当然，音乐的选择也很简单。

“剪映”软件中拥有着众多丰富多样的音乐资源，如图 7-10 所示。大家可以根据自身文案的主题、情感和风格，直接在其中进行挑选。无论是欢快活泼的旋律，还是悠扬抒情的曲调，都能在“剪映”里找到。

通过选择合适的音乐，能够更好地烘托文案的氛围，增强其感染力和表现力，让作品更具吸引力和趣味性。

搜索歌曲或歌手
TIKTOK
抖音
INSTRUMENTAL
纯音乐
BEAT
卡点
VLOG
VLOG
TRAVEL
旅行
ALL BEINGS
众声万象

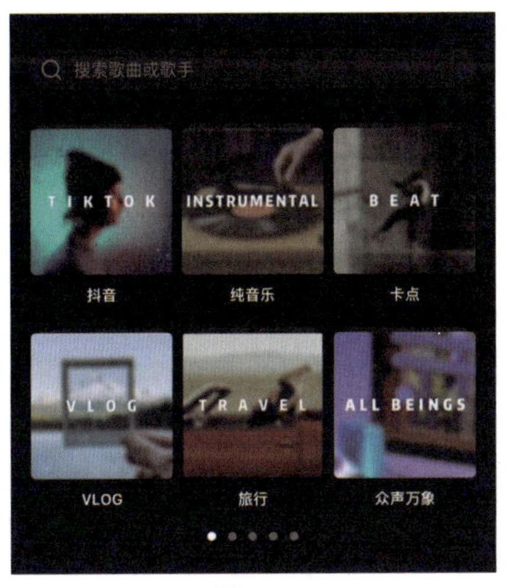

图 7-10

7.3 抖音的成长路径

抖音作为一款具有广泛影响力的社交媒体平台，为用户提供了多种多样的成长路径。我们进入抖音的后台，点击“成长任务”按钮，在打开的页面中能找到非常多的成长路径，如图 7-11 所示。

图 7-11

7.3.1 全民任务

全民任务是抖音推出的创作者激励任务，参与对应任务可获得现金、流量等奖励，轻松实现账号成长。

用户只需在任务列表中选择心仪任务，仔细阅读任务要求，点击“参与”按钮即可，如图 7-12 所示。

7.3.2 成长任务

在“成长任务中心”有众多小任务可供选择，如图 7-13 所示，例如有趣的游戏任务、全民皆可参与的全民任务，以及小程序推广计划等。这些任务丰富多样，涵盖各领域，参与者可以根据自身兴趣和能力进行选择。完成这些小任务，不仅能获得收益，还能提升自己的相关技能和经验。

7.3.3 星图商单

星图商单是一种颇具吸引力的商业机会，如图 7-14 所示。它为创作者和品牌之间搭建了桥梁，让双方能够合作共赢。通过星图商单，创作者可以展示自己的才华和专业能力，为品牌提供有价值的内容创作。品牌则能借助创作者的影响力和受众基础，实现品牌推广和市场拓展。

图 7-12

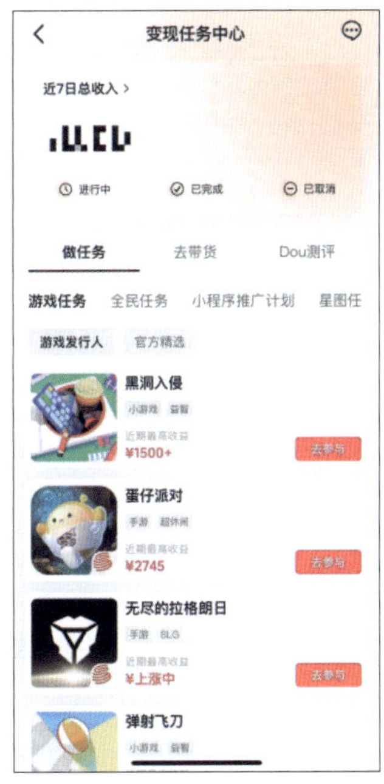

图 7-13

图 7-14

这种合作模式不仅有助于创作者获得经济回报，还能提升他们的知名度和声誉。同时，品牌也能通过与合适的创作者合作，更好地与目标受众建立联系，增强品牌形象和市场竞争力。

7.3.4 中视频伙伴计划

中视频伙伴计划是抖音联合西瓜视频、今日头条共同推出的分成创作收入活动，如图 7-15 所示。

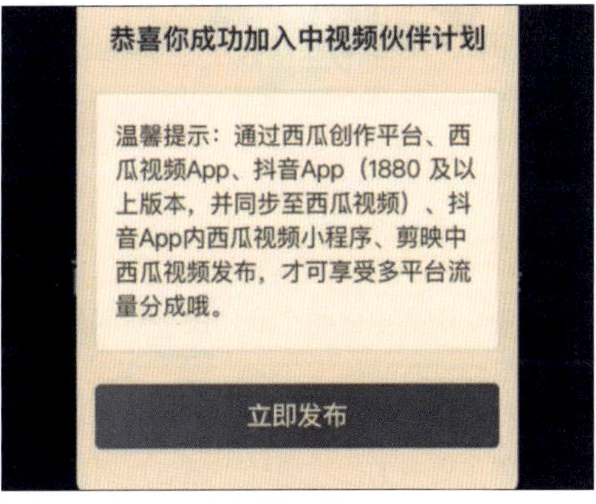

图 7-15

用户若参与该计划，需发布 1~30 min 的横版视频。发布的视频可能会获得抖音、西瓜视频、今日头条 3 大平台的流量补贴，最关键的是只需要有播放量就可以赚取收益。

7.3.5 创作者伙伴计划

抖音创作者伙伴计划于 2023 年 9 月 12 日推出，是抖音对原创、优质的内容和作者进行长期稳定扶持的计划，如图 7-16 所示。加入该计划后，抖音会根据作品的搜索量、收藏量等综合因素结算收益。

图 7-16

加入方法为，打开抖音“创作者中心”，点击“全部”按钮，在“收益成长”板块找到“伙伴计划”，点击进入即可。

7.3.6 直播

直播作为一种极为常见的成长途径，能在直播过程中展示个人才艺，为观众提供某些具有价值的方式与方法。如此一来，观众便会给予相应的礼物，而直播者也能够获取相应收益。

通过这种方式，不仅可以展现你的独特才能，还能将自身的知识或技能转化为实际的价值回报。只要你在直播中充分发挥自己的优势，提供有吸引力的内容，就能吸引观众的关注和支持，从而获得更多的礼物和收益。

7.3.7 电商带货

如今抖音开通了 0 粉丝带货的功能。即使你的粉丝数量不足 1000 个，也能够在视频中挂链接。只要观众购买了你的产品，便可获取相应的佣金，如图 7-17 所示。

图 7-17

拥有了一定数量的粉丝后，不仅可以在视频中带货，还能在直播时进行推广。这种方式为广大用户提供了更多的创收途径。通过直播或视频，你能详细展示产品的特点和优势，激发观众的购买欲望。

7.3.8 团购带货

抖音团购带货为人们开辟了一条全新的创收途径。在这种模式下，他们有机会通过积极推广团购商品来实现盈利。通过制作吸引人的内容，展示商品的特点和优势，引发观众的兴趣，从而引导他们购买。这种方式不仅能够增加商品的销量，还能让推广者获得丰厚的佣金回报，如图 7-18 所示。

图 7-18

7.3.9 站外播放激励计划

抖音站外播放激励计划是一项鼓励创作者扩大作品影响力的计划，如图 7-19 所示。它为创作者提供了在站外平台展示作品的机会，并根据站外播放量给予相应的激励。通过该计划，创作者的作品能接触到更广泛的观众群体，提升曝光度和知名度。这不仅有助于吸引新的粉丝，还能扩大作品的传播范围。

图 7-19

创作者可将其作品分享至其他平台，获得更多的播放量和互动，进而获得额外的激励收益。抖音站外播放激励计划旨在激发创作者的积极性，鼓励他们创作更多优质内容，并通过多种渠道扩大作品的影响力。

 小红书文案写作技巧与成长路径

7.4.1 小红书的文案写作技巧与要点

小红书是一款社交分享平台，它在众多社交平台中脱颖而出，备受用户青睐。

其独特的文案风格和特色是吸引用户的关键因素。小红书的文案常常富有创意和个性，语言简洁生动，能够精准地传达情感和信息。

它不仅涵盖了各种实用的生活技巧、美妆时尚推荐，还包含用户真实的生活经验和故事分享。

这种独特的风格使其成为用户获取灵感、分享生活的理想平台。无论是寻找美食攻略、旅游目的地，还是了解时尚潮流，小红书都能满足用户的需求。

小红书的文案特点如图 7-20 所示。

图 7-20

1. 故事化叙述

许多小红书文案都采用故事化的叙述方式，将产品或服务融入一个生动有趣的情节中。这种叙述方式具有诸多优势。

它更容易引起读者的兴趣，让他们在阅读的过程中产生强烈的代入感。通过构建一个个引人入胜的故事，读者能够身临其境地感受产品的价值。

故事化叙述能够创造出丰富的情感共鸣。读者会不自觉地与故事中的角色产生情感联结，从而更容易理解和接受产品或服务带来的好处。

此外，这种方式还增加了文案的趣味性和可读性。相比于简单直接的产品介绍，生动有趣的情节更能吸引读者的注意力，使他们愿意花费时间去深入了解。

对于普通创作者而言，采用故事化叙述也有助于提高文案的创意性和独特性。通过巧妙地将产品或服务融入故事中，能够展现出独特的视角和创意，从而在众多文案中脱颖而出。

图 7-21 所示的这篇笔记，作者详尽地讲述了自己大学毕业，刚开始进入体制内工作，随后辞去了大家眼里稳定的工作开始创业，在创业的途中，又克服了很多困难，最终获得成功的故事。

作者以时间为轴线，讲述了自己十年的经历，大大增强了读者前端的代入感，这篇笔记最终也获得了上百的点赞。

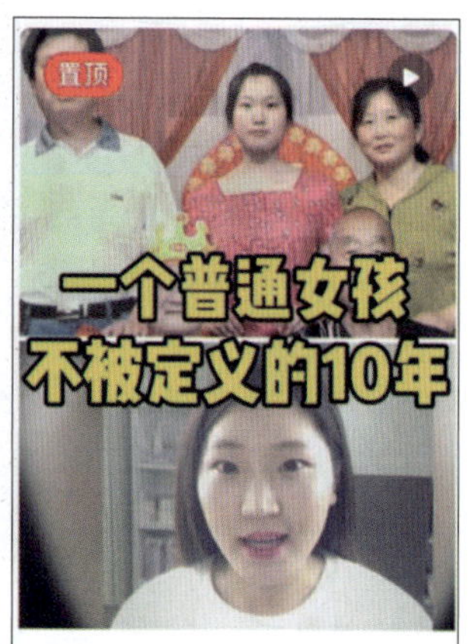

图 7-21

（截图来源于小红书账号：summer 商业思维）

2. 使用表情符号

小红书是目前为数不多的可以用图文来发布的自媒体平台，所以表情符号在小红书文案中被广泛应用，它们具有不可忽视的作用。它们能够显著增强文字的表达力，让文案变得更加生动且形象，如图 7-22 所示。

小红书软件里就自带了很多表情符号，它们丰富了文案的情感内涵，能够弥补文字在表达情感方面的局限性，让读者更容易与作者产生共鸣。

同时，表情符号还可以起到强调重点的作用。通过在关键部位使用适当的表情符号，能够吸引读者的注意力，使重点更加突出。

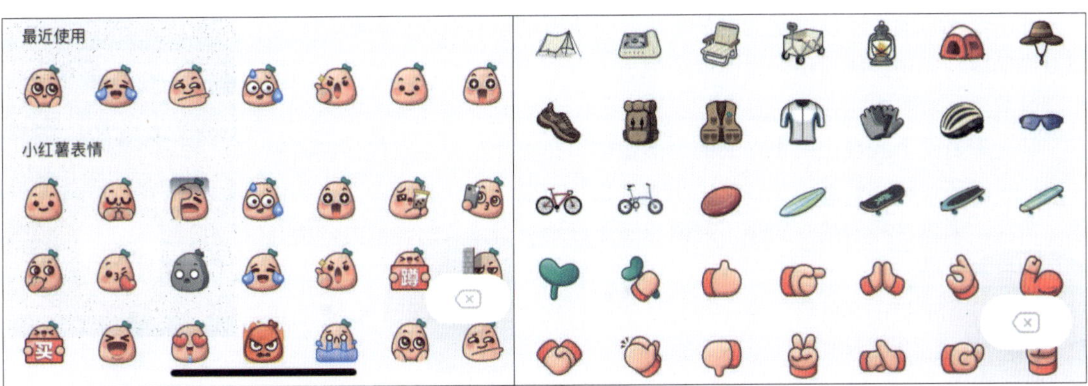

图 7-22

3. 强调独特性

现在前端的观众接受的信息都比较多，尤其是小红书的用户，大家非常需要能够从你的文案中看到一些有价值的东西，而且这个东西必须是独一无二的。

那么如何让你的文案独一无二呢？其实也很简单，我们在里面增加一些词汇就可以，例如“小众”“独一份”等。

图 7-23 所示的这篇文案，就是巧妙地运用了“小众”两个字，第一眼就吸引了大家的注意力。“冷门又小众”就是直接强调了独特性，作者在这篇文案里面认真地介绍了几个古镇，并且都是大家没有怎么听说过的，所以文案的内容又是进一步和标题相呼应了。

最后，这篇文案，也为作者带来了不少读者的关注。

去年在国内旅行了半年
去了很多古镇推荐几个我觉得值得一去的古镇

-

1南浔古镇
南浔不难寻，坐落在太湖边不远处，是国内活着的古镇之一，相较于其他都是商户的古镇，这里不算是义乌集市，有很多本地人的店面和小吃店，非常值得一来
2阳产土楼
在黄山一个犄角旮旯里不开车真的很难到，但是好像云上仙境一般，平时人不多，日落的时候特别美

3杨家堂
被称为“金色布达拉宫”当日落洒在村子上的时候确实很像，村口的夫妻树，各个角度都很好看

4松庄村
和杨家堂一样，在松阳县，这里的桥非常适合拍照，村外高点用长焦或者小溪上的石桥都可

5濮院古镇
这是乌镇团队重新打造的一个古镇，历史很悠久，不过建筑都是新的，只适合拍照没啥历史建筑

6黎里古镇
第一次听说他是苏州的朋友说他鸡脚好吃，到了以后确实挺好吃，古镇不大游客不多

7严田村
春天的时候油菜花开的时候是最适合去这里，比起婺源其他地方这里开的最早人也最少

8肇兴侗寨
这里最出名的就是五座鼓楼，这里很适合拍照，离高铁站也很近

9卖花渔村
春天的时候满山开满梅花的时候这里最美，村里的家家户户都会做盆栽梅花

图 7-23

4. 美观的排版与封面

美观的排版在文案中具有重要作用，它能够显著提升作品的可读性和吸引力。通过合理运用各种排版手段，如恰当的标点符号、段落分隔以及加粗等方式，可以使文案更加清晰易读。

合适的标点符号有助于引导读者理解文意，明确句子之间的逻辑关系，避免产生歧义。

段落分隔则让文案结构分明，方便读者快速获取关键信息。每个段落都能传达一个相对独立的意思，使阅读更加流畅。

在小红书里面，不仅仅是文案的排版，更重要的还有封面的排版，想要在众多的内容当中脱颖而出，封面就要吸引人。封面的图片以及封面上的文案都很重要，如图 7-24 所示。

图 7-24

给大家看几个我自己做小红书的封面案例，在设计过程中，我仔细斟酌了每一个细节，特别调整了字体的大小和颜色等方面，以使整个画面更加协调、美观。通过这样的精心安排，封面能够更好地吸引读者的注意力，提升整体的视觉效果。

同时，我也想在这里给大家介绍几个实用的软件，如稿定设计、黄油相机和醒图等，如图 7-25 所示。

图 7-25

这些软件功能强大，提供了丰富的排版和设计工具，能够帮助大家轻松地制作出精美的封面。

无论是调整字体、颜色，还是添加各种元素，都能在这些软件中实现。希望大家能够利用这些工具，打造出令人惊艳的封面设计。

封面上的文案大家一定要重视。封面上的文案一定要一针见血地解决别人的问题。例如我的这个文案内容就是针对那些专门在番茄写小说的人想要知道的问题，所以我的文案标题直接写的“番茄写小说必须知道的 9 件事”，这个标题一出来，就会让在番茄写小说的人点开查看。

5. 多形式内容

小红书是视频和图文共存的平台，如果只是图文，对文案的要求就会更高。

结合视觉元素的文案能够更好地吸引读者的注意力，提高信息传达的效果。读者可以更快速地理解和吸收信息，增加对文案的兴趣和参与度。

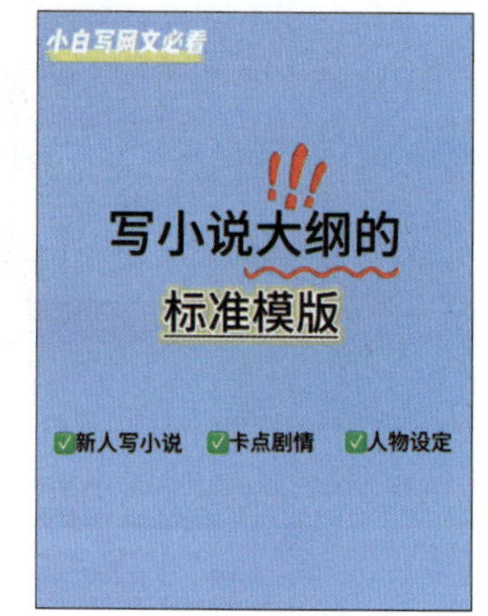

图 7-26

图 7-26 所示是一篇爆款笔记。这篇笔记就是采用的图文形式。我在笔记中详细介绍了小说的大纲应该怎么去写、怎么设定剧情等，很多粉丝觉得非常有用，并且将其收藏。

当然，要写出优秀的小红书文案，需要不断学习和实践，了解用户需求和流行趋势，灵活运用各种文案技巧，以达到最佳的传播效果。

7.4.2 如何在小红书上吸引读者关注

在小红书上吸引读者关注是许多用户追求的目标。图 7-27 所示是一些可以帮助你在小红书上吸引更多关注的方法。

图 7-27

1. 明确目标受众

自媒体写作成长底层逻辑都是相通的，不管是写公众号，还是写小说，都需要明确你的目标受众，要知道他们的兴趣、需求和偏好是什么。通过针对特定的受众群体，可以更精准地创作内容，吸引他们的关注。

如果你是深耕教学领域的老师，可以分享自己的教学经验；如果你是一名摄影师，可以分享自己拍摄技巧等。每个人要做的第一步就是锁定自己的目标受众。

2. 提供有价值的内容

在小红书上，优质的内容是吸引关注的关键。确保你的帖子具有实用性、独特性或娱乐性。分享有趣的故事、专业的知识、美丽的照片、实用的技巧等，能够引起用户的兴趣并促使他们关注你。

3. 打造独特的个人品牌

在众多用户中脱颖而出是吸引关注的关键。确立你的个人风格、主题或特色，并在你的帖子中体现出来。一个独特而一致的品牌形象能够让人们更容易记住你。

4. 优化标题和封面

标题和封面是吸引用户点击的第一要素。制作吸引人的标题，突出关键信息和卖点，同时使用高质量、有吸引力的封面图片，能够提高你的帖子的曝光率。

前面已经给大家提供了一些方法，如果你的点击率还是不高，就要多花一些时间在封面和标题上。

5. 运用热门话题和标签

关注当前的热门话题，并在你的帖子中巧妙地融入相关的话题和标签。这样可以增加你的帖子被发现的机会，吸引更多的流量。

小红书里面会有专门的热点榜单，大家去创作内容之前，可以结合热点榜单，增加你的文案热度，如图 7-28 所示。

图 7-28

6. 保持稳定更新

定期发布新的内容，让你的粉丝知道你是活跃的，并提供新鲜的信息给他们。不过，也要注意质量优于数量，确保你的更新是有价值的。

7. 与用户互动

积极回复评论和私信，与你的粉丝建立良好的互动关系。参与社区的讨论，与其他用户互动，增加你的曝光度和知名度。

8. 利用数据分析

如果你发现你的数据不好，那么就要去分析你的数据。在小红书里面，每一篇笔记都可以去分析，它会详尽地给你总结出来。

9. 建立媒体矩阵

建立媒体矩阵也是获得关注的一个重要手段：我们可以在社交媒体上，多开通几个账号，形成主账号以及 N 多个子账号的矩阵，既可以增加影响力也可以让粉丝成倍数增长。

10. 持续学习和提升

社交媒体环境不断变化，要保持学习的态度，关注行业动态和流行趋势，不断提升自己的内容创作和营销技巧。吸引关注需要时间和努力，通过坚持以上方法，你将有更大的机会在小红书上获得更多的关注者。记住，要保持真实、有趣和有价值的内容，与你的受众建立真实的连接。

下面示范一个小红书文案的案例。例如你是一个旅游博主，就需要去分享一些旅游的干货。

示范案例：

阳光、沙滩、海浪、仙人掌，还有一位老船长……这不仅仅是歌词，还是海南岛的真实写照。如果你渴望一场说走就走的海岛之旅，那么海南，绝对是你的不二之选。

【最佳旅行时间】

冬季：海南的冬季温暖如春，是逃离寒冷的最佳去处。12 月至次年 2 月，是海南旅游的旺季，也是享受阳光沙滩的最佳时期。

【必游景点】

三亚亚龙湾：被誉为“天下第一湾”，这里的沙滩细腻如粉，海水清澈见底，是晒太阳、游泳、潜水的绝佳地点。

天涯海角：象征着爱情的永恒，是情侣们必打卡的地方。站在“天涯”“海角”石前，许下永恒的誓言。

热带天堂森林公园：这里是《非诚勿扰 2》的拍摄地，可以乘坐缆车穿越热带雨林，感受大自然的神奇。

【美食推荐】

海鲜大餐：来到海南，怎能不尝一尝新鲜的海鲜？三亚的海鲜市场，可以让你亲手挑选，现场加工，享受最地道的海鲜盛宴。

椰子鸡：椰子水和鸡肉的完美结合，清甜滋补，是海南的特色美食之一。

【住宿推荐】

海景酒店：选择一家海景酒店，让你在房间内就能欣赏到无敌海景，感受海风拂面的惬意。

民宿体验：如果想要更深入地体验当地生活，可以选择一家有特色的民宿，与当地人交流，了解海南的风土人情。

【穿搭建议】

泳装：别忘了带上你的泳装，无论是在酒店的泳池还是海滩，都是必不可少的装备。

防晒装备：防晒霜、太阳帽、墨镜，这些都是海南旅行的必备品，保护你免受紫外线的伤害。

【拍照攻略】

日出日落：不要错过海边的日出和日落，这是拍照的最佳时机，金色的阳光洒在海面上，美得让人心醉。

热带风情：利用椰子树、沙滩椅等元素，拍出具有热带风情的照片。

【旅行小贴士】

交通：海南的公共交通不如内地发达，建议租车自驾，或者使用打车软件，方便出行。

健康：注意防蚊虫叮咬，随身携带一些常用药品，以备不时之需。

来海南，不仅仅是一场旅行，更是一次心灵的洗礼。在这里，你可以放下所有的烦恼，只享受阳光、沙滩和海浪带来的宁静与美好。

7.4.3 小红书的成长方法

小红书可以说是目前自媒体平台中比较容易成长的平台，而且它的成长方式更加多元化。

1. 置换合作

置换合作是一个独特的机会，即使创作者的粉丝数量不多，商家也愿意提供免费的商品供其体验。通过发布一篇笔记测评，创作者不仅能够获得新品尝试的机会，还能展示自己的使用感受和评价。这对于创作者来说是一种双赢的方式，既能够获得免费的产品，又能够为商家提供宣传。

2. 开设店铺

小红书如今真是太给力了！就算你是 0 粉丝，也能开通属于自己的店铺啦！这意味着你无需大量粉丝基础，就能直接售卖自己的商品。无论是手工艺品、自制美食，还是独具特色的商品，都有机会展示和销售。

当然，如果你拥有特定的技能，例如绘画、摄影、烹饪等，还可以售卖相关课程，将你的专长分享给更多有需求的人。这不仅为你提供了一个展示自己才华和创造力的平台，还能带来额外的收入。

下面这位博主，就是以售卖摄影课程为主，用自己的技能来成长。图 7-29 所示为他的店铺主页。

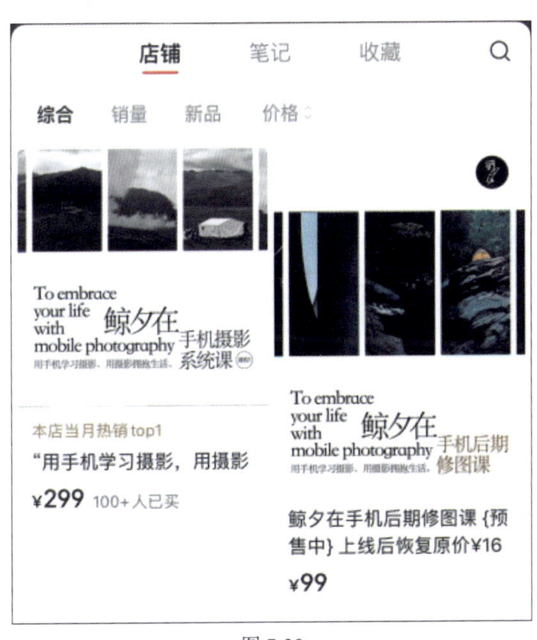

图 7-29

3. 蒲公英平台

拥有一定的粉丝量后，便可开通后台接广告的权限。通常广告报价是粉丝数量的十分之一，但在特定行业中，报价还能适当上调。例如，我现在后台的一条广告价值 2500 元。这意味着随着粉丝数量的增加和影响力的扩大，创作者能够获得更多的商业合作机会和收益。

小红书的后台有众多等待你报名的任务，一旦你与品牌方成功达成合作，就能赚取可观的收益，如图 7-30 所示。

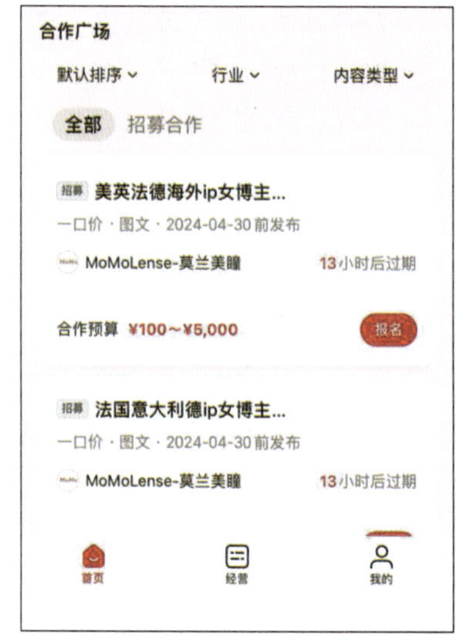

图 7-30

这些任务涵盖各种领域和类型，无论你是美妆、时尚、美食，还是旅游等领域的博主，都能找到适合自己的任务。通过参与这些任务，你不仅可以展示自己的专业知识和才华，还能与品牌方建立良好的合作关系。

与品牌方的合作不仅仅是赚取收益，还能提升你的知名度和影响力。品牌方的认可和支持将为你的博主生涯增添光彩，吸引更多的关注和合作机会。

4. 买手合作

在小红书平台，买手可以通过分享产品使用心得、搭配技巧等内容，吸引用户关注，与品牌方合作时，买手可为品牌推广产品，提升品牌知名度，同时，品牌也能借助买手的影响力和粉丝基础，扩大市场覆盖，如图 7-31 所示。

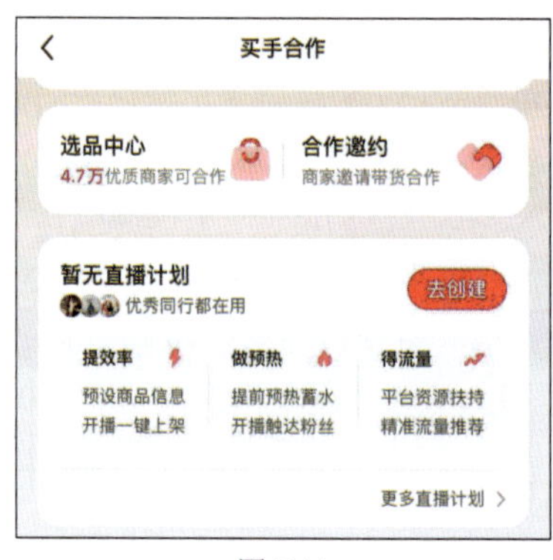

图 7-31

这种合作有助于实现双赢，既能满足消费者对优质商品的需求，也能为买手和品牌带来收益。

小红书为创作者提供了广阔的发展空间和多样的成长途径，无论是何种方式的成长，都需要创作者不断努力和提升自己的能力，以适应市场的需求和变化。

通过用心经营和不断积累，创作者能够在小红书平台实现自己的商业价值和个人目标。

7.5 B 站文案特点与成长路径

7.5.1 B 站的受众与内容风格

B 站全称是哔哩哔哩，是一个以年轻用户为主要受众的在线视频平台。其在内容风格上具有独特的特点。

B 站的受众主要是年轻人，他们具有活跃的思维和多样化的兴趣爱好。这使得 B 站的内容风格丰富多样，涵盖各种领域，满足不同用户的需求。

从动漫、游戏到科技、音乐、舞蹈等，B 站的内容无所不包，这种多元化的内容风格吸引了大量的用户，让他们能够在平台上找到自己感兴趣的内容。

B 站的用户对创意和个性化的内容有着较高的追求，创作者通过独特的创意和表现形式，为用户带来新颖的观看体验。

此外，B 站的互动性也很强。用户可以通过评论、弹幕等方式与其他用户交流，分享自己的看法和感受，增强用户之间的互动和社区氛围。

B 站以其独特的受众群体和多样化的内容风格，成为了年轻用户喜爱的在线视频平台之一。它不仅提供了丰富的内容，还为用户提供了一个互动交流的平台，促进了创意和文化的传播。

B 站的受众特点如图 7-32 所示。

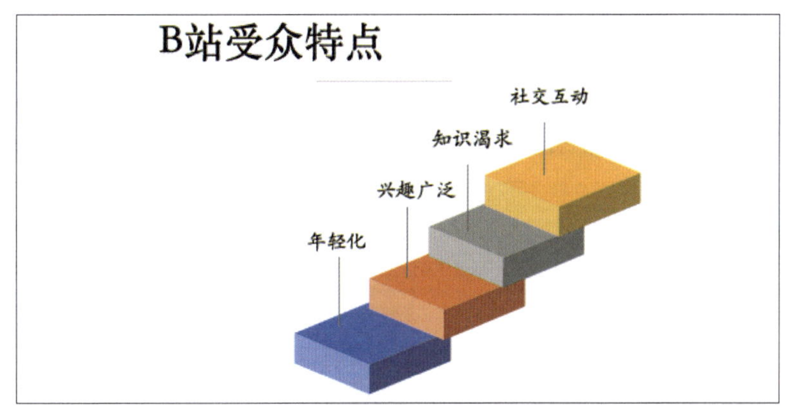

图 7-32

- 年轻化。

B 站的用户主要是年轻人，尤其是学生和年轻职场人士。他们对新事物充满好奇心，对流行文化和互联网热点有较高的关注度。

- 兴趣广泛。

B 站的受众兴趣爱好广泛，涵盖动漫、游戏、音乐、电影、科技、美妆、生活方式等领域。他们追求个性化，喜欢探索和分享自己的兴趣。

- 知识渴求。

这一群体对知识和学习有强烈的需求，B 站的许多科普、教育类视频广受欢迎，用户希望通过平台获取新的知识和技能。

- 社交互动。

B 站的用户注重社交互动，他们喜欢在视频下方留言、评论，与其他用户交流和讨论，形成了活跃的社区氛围。

B 站的内容风格如图 7-33 所示。

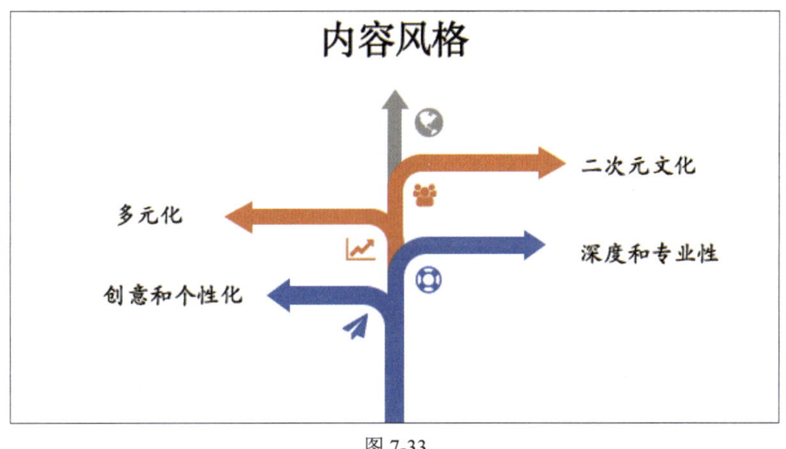

图 7-33

- 多元化。

B 站的内容风格非常多元化，包括动漫、游戏、影视、音乐、舞蹈、科技、生活等各种类型的视频。这种多元化满足了不同用户的兴趣需求。

- 创意和个性化。

B 站用户对创意和个性化的内容尤为喜爱。创作者通过独特的剪辑手法、搞笑的配音、二次创作等方式展现自己的创意，吸引观众的关注。

- 二次元文化。

B 站是二次元文化的重要传播平台，动漫、漫画、游戏等相关内容在 B 站占有重要地位。二次元用户对角色扮演、Cosplay、漫画改编等有着浓厚的兴趣。

- 深度和专业性。

除了娱乐内容，B 站也有很多有深度的知识分享、学术讲座、行业分析等专业性较强的视频。这些内容满足了用户对于知识学习和自我提升的需求。

B 站受众的互动如下。

- 弹幕文化。

B 站的弹幕功能是其独特的特点之一。观众可以通过弹幕实时发表自己的看法和评论，与其他观众互动，增加观看的趣味性和参与感。

- UP 主与粉丝互动。

B 站的 UP 主（视频上传者）与粉丝之间的互动非常密切。UP 主通过回复评论、举办直播、线下活动等方式与观众建立起紧密的联系。

内容创作与传播要点如下。

- 创意和质量并重。

在 B 站，创意和内容质量是吸引受众的关键。优秀的视频制作、有趣的剧情和高质量的画面能够吸引更多的关注和传播。

- 话题和热点把握。

及时把握当下的热点话题，结合自己的创意进行内容创作，可以增加视频的关注度和讨论度。

- 社区合作与推广。

B 站的社区氛围浓厚，UP 主之间的合作和互相推广也是常见的方式。通过合作制作视频、跨领域合作等，可以扩大内容的影响力。

B 站的受众与内容风格相互影响，形成了独特的社区文化。对于创作者来说，了解受众的需求和喜好，结合自身的创意和风格，能够在 B 站获得更多的关注和认可。

同时，不断适应平台的发展和变化，与受众保持良好的互动，也是在 B 站取得成功的重要因素。

7.5.2 创作适合 B 站的文案

要创作出适合 B 站的文案，可以从以下几方面入手，如图 7-34 所示。

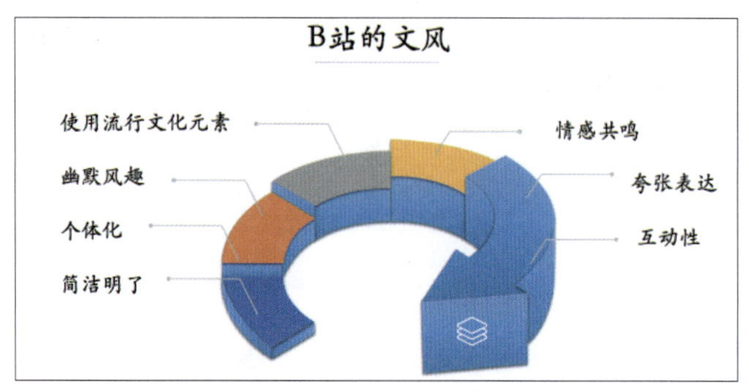

图 7-34

- 使用流行文化元素：B 站用户对流行文化较为敏感，适当引用动漫、游戏、影视等元素，能让文案更贴近他们的兴趣。

- 幽默风趣：因为 B 站的用户相对而言更加年轻，所以我们需要加入幽默和诙谐的语言，让文案更具趣味性，能吸引用户的注意。
- 情感共鸣：开头用一个真实的故事，来引发读者的情绪，让读者第一时间沉浸其中。
- 简洁明了：避免过于复杂的句子结构，用简单易懂的文字表达观点，确保信息传达清晰。
- 夸张表达：B 站的用户很年轻，所以可以适当使用一些夸张的手法，增强文案的表现力和吸引力。
- 互动性：鼓励用户参与评论、点赞、分享等互动，增加文案的活跃度。
- 个体化：展现独特的个人风格，让用户感受到文案的真实性和亲和力。

以下是一些示例，帮助你体会适合 B 站的文案。

“哇塞！这部新剧简直帅炸了，女主的战斗力突破天际，剧情超燃，我已经迫不及待要和大家分享了！”

“B 站的小伙伴们，你们准备好了吗？今天我要给你们带来一个超级有趣的视频，保证让你们笑出腹肌！”

“我的天呐！这个游戏的难度也太高了吧，但我是不会放弃的，看我如何一步步征服它！”

“前方高能！这是我见过最酷炫的 Cosplay，简直和原著角色一模一样！”

“B 站的大佬们，快来看看我发现了什么神奇的宝物，绝对让你们大开眼界！”

“嘿嘿，小伙伴们，我又来啦！今天给大家分享一些超实用的小技巧，让你们的生活更便利！”

这些都是一些爆款文案的开头，当然，在创作适合 B 站的文案时，要注意结合平台特点和用户喜好，同时保持自己的独特风格。

7.5.3 B 站的成长方式

1. 创作激励计划

创作激励计划为创作者提供了多方面的激励和支持，首先，它为创作者提供了一定的经济回报，根据作品的播放量、互动量等指标给予相应的激励奖金，这有助于创作者获得一定的收入，从而能够更加专注于创作，如图 7-35 所示。

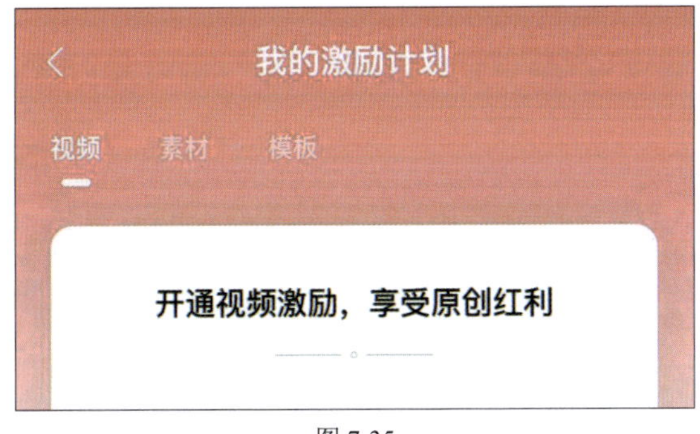

图 7-35

其次，创作激励计划还为创作者提供了更多的曝光机会，通过平台的推广和推荐，优秀的作品能够被更多的用户发现和欣赏，提高创作者的知名度和影响力。

2. 直播激励

B 站的直播激励是一项鼓励主播积极参与直播的计划。

它为主播提供了多种激励方式，以激发其创作热情和提高直播质量。通过直播激励，主播可以获得经济上的回报，这有助于他们将更多时间和精力投入到直播中。

此激励计划还能增加主播的曝光度。平台会给予优秀主播更多的推广机会，吸引更多观众关注。

3. 悬赏带货

B 站的悬赏带货功能着实是一项极具创新性的功能，如图 7-36 所示。

图 7-36

它为品牌或商家提供了一个全新的推广渠道，使其能够发布悬赏任务，邀请 B 站的创作者参与到带货推广中来。创作者则依据自身的兴趣和特长，精准地选择适合自己的悬赏任务。完成任务后，创作者将获得相应的奖励，这不仅是对他们努力的认可，也为他们带来了额外的收益。此功能的推出，有助于品牌或商家扩大产品的曝光度和影响力，同时也为创作者提供了更多展示自己才华和实现价值的机会。对于 B 站用户而言，他们能够通过创作者的推广更好地了解各种产品，从而做出更明智的消费决策。

4. 花火商单

B 站花火商单是一种创作者与品牌之间的合作模式，如图 7-37 所示。它为创作者提供了与品牌合作的机会，通过推广品牌产品或服务来获得收益。

图 7-37

品牌可以借助 B 站创作者的影响力和粉丝基础，实现更广泛的传播和推广。

创作者可以根据自身风格和受众特点，选择合适的品牌进行合作。

在花火商单中，创作者需按照品牌要求创作相关内容，如视频、图文等。

这样的合作既能为品牌带来良好的宣传效果，也能让创作者获得经济收益和更多发展机会。

花火商单促进了创作者与品牌的互利共赢，为 B 站平台营造了更加丰富多样的内容生态。

5. 模板激励

你可以将自己的视频上传，如果你的模板被采用，就可以优先获得平台的收益，如图 7-38 所示。

B 站官方将依据模板上线后的使用、导出、稿件、稿件消费数据等综合计算分成激励。模板一经上线，长期可获得收益。

图 7-38

6. 入驻课堂

如果你自身具备独特的技能，那么便可以申请入驻 B 站成为讲师。这将为你提供一个广阔的平台，展示自己的专业知识和才华。入驻后，你可以通过售卖课程来赚取收益，如图 7-39 所示。

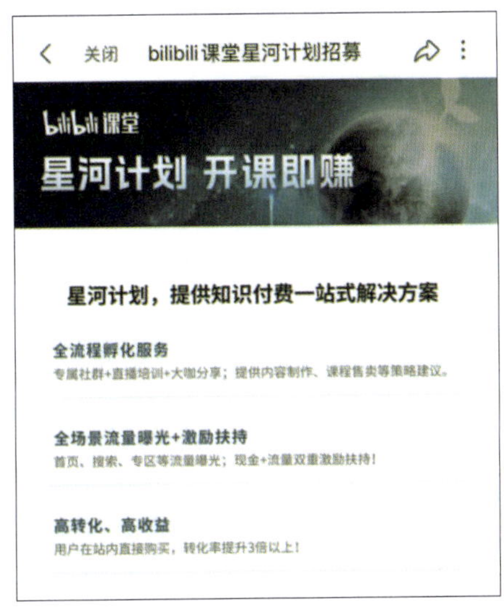

图 7-39

B 站拥有庞大的用户群体，这为你的课程提供了广泛的受众基础。你可以精心制作课程内容，以生动有趣的方式传授知识，吸引更多学员购买。同时，B 站也为讲师提供了丰富的推广和支持，有助于提升课程的知名度和影响力。通过在 B 站授课，不仅可以实现个人价值，还能与学员互动交流，不断提升自己的教学水平。

第 8 章 ➡ 借助 AI 提高写作效率

在信息时代，写作的重要性不言而喻。无论是创作小说、撰写论文，还是编写商务文档，我们都希望以高效的方式完成优质的作品。

如今，AI 技术的崛起为我们提供了全新的写作助力，它正在悄然改变着我们的写作方式。

借助 AI，我们不仅能迅速获取丰富的灵感和创意，突破思维的瓶颈，还可以汲取广泛的知识和信息，让我们在写作过程中更加得心应手。

8.1 AIGC 介绍

8.1.1 AIGC 的含义

AIGC 是继专业生产内容（PGC，Professional-Generated Content）、用户生产内容（UGC，User-Generated Content）之后的新型内容创作方式。

从计算智能、感知智能，再到认知智能的进阶发展来看，AIGC 已经为人类社会打开了认知智能的大门。通过单个大规模数据的学习训练，使 AI 具备了多个不同领域的知识，只需要对模型进行适当的调整和修正，就能完成真实场景的任务。

8.1.2 AI 的使用注意事项

使用 AI 时，有一些重要的注意事项需要考虑，以确保其安全、有效地应用，并避免可能的风险和问题。以下是对 AI 使用注意事项的拓展描述。

1. 数据偏差

现在市面上有非常多的 AI 功能，它们都是基于大数据来给用户提供文字方面的内容，但是没有任何一款 AI 功能能够给用户提供 100% 的准确性，所以，我们在得到文字内容之后，需要自己从中去做选择。

2. 伦理和道德考量

AI 是没有感情的工具，我们让它输出文字时，一定要去检查它的内容是否违背了公序良俗等，千万不要将三观不正的内容写出来。

8.1.3 如何驯服 AI

AI 是没有感情的工具，它输出的内容比较随心所欲，如果你想要让它模仿你的语气去输出内容，那么就需要不断地去驯化它。

驯化 AI 是一项复杂且具有挑战性的任务，需要综合考虑多方面。下面是几种驯化 AI 的方法和策略。

1. 明确目标和期望

在驯化 AI 之前，明确定义目标和期望非常重要。确定 AI 应该实现的具体任务和性能指标，有助于指导训练过程，并评估 AI 的表现。

2. 数据训练

我们可以给 AI 提供大量的数据，让它按照现有的数据去分析，然后给我们输出有价值的内容。

3. 监督学习

在监督学习中，我们可以通过提供正确的示例和反馈来训练 AI。这种方法有助于 AI 学习到人类期望的行为和决策模式。

需要注意的是，驯化 AI 是一个长期而复杂的过程，并且需要跨学科的努力，所以我们只需要让 AI 的数据符合当下用户的需求即可。

8.2 五款实用的 AI 工具介绍

8.2.1 DeepSeek

DeepSeek 是杭州深度求索人工智能基础技术研究有限公司开发的 AI 助手应用。基于 DeepSeek-V3 大模型构建，核心功能包括深度思考与联网搜索，专注于开发先进的大语言模型和相关技术，以低成本、高效率的方式推出了一系列性能卓越的开源模型，在 AI 领域取得了显著成就。

DeepSeek 可以在 PC 端或移动端使用。使用浏览器搜索“DeepSeek 智能助手”打开官网，下载即可应用。

DeepSeek 使用界面如图 8-1 所示。

图 8-1

单击“开启新对话”按钮，便可输入提示词并与 DeepSeek 进行对话，DeepSeek 的功能包含智能问答对话、深度思考、联网搜索等。

例如，想让 DeepSeek 帮忙写一篇关于旅游的文章，可以输入“以导游的视角，写一篇 500 字左右，包含长沙特色美食、景点介绍的三天两夜旅游攻略，重点突出必打卡点”，详细的指令能让 DeepSeek 更清楚你的需求，从而生成更符合你心意的内容。你也可以开启深度思考与联网搜索，这样得到的答案会更精确，如图 8-2 所示。

以导游的视角，写一篇500字左右，包含长沙特色美食、景点介绍的三天两夜旅游攻略，重点突出必打卡点

已搜索到 49 个网页 >

已深度思考（用时 49 秒）^

长沙三天两夜深度游攻略 | 美食与人文的双重盛宴
导游视角 | 必打卡点全收录

第一天：历史文脉与市井烟火

上午：岳麓山 & 岳麓书院
清晨7点前抵达岳麓山（免费），避开人潮，沿爱晚亭徒步，感受"停车坐爱枫林晚"的诗意 4 7。岳麓书院（门票40元）内，千年学府的书香犹存，朱熹、王阳明的讲学故事可蹭听导游讲解 3 6。下山可选滑道（30元），刺激又省力 3。山脚必尝"老头子糖油粑粑"和"帅哥烧饼"，人均15元吃到撑 1 3。

下午：橘子洲头 & 湖南省博物馆
乘地铁2号线直达橘子洲头（免费），观光车（20元）环岛游览，青年毛泽东雕像和湘江风光是拍照核心 1 3。黄昏逆光剪影最出片！随后前往湖南省博物馆（免费需预约），马王堆汉墓展震撼必看——辛追夫人真身、素纱襌衣、T型帛画三件国宝不容错过 3 6。

夜晚：坡子街 & 超级文和友
坡子街的"黑色经典臭豆腐"外脆内爆汁，火宫殿糖油粑粑甜糯解辣 3 8。转战超级文和友（免费），80年代复古街景复刻，小龙虾配猪油拌饭，随手一拍即是大片 4 6。

图 8-2

8.2.2 ChatGPT

ChatGPT 是一种先进的自然语言处理模型，具有许多令人印象深刻的特点和广泛的应用场景。首先，ChatGPT 具有强大的语言理解能力，它能够理解和分析自然语言输入，并生成相应的回答。无论是简单的问题还是复杂的对话，ChatGPT 都能够准确地理解用户的意图，并提供有意义的回应。

其次，ChatGPT 具备高度的灵活性和通用性。它可以应用于各种领域和场景，如聊天机器人、客户服务、智能助手、在线对话系统等。无论是在社交媒体平台与用户进行交互，还是在企业中提供客户支持，ChatGPT 都能够适应不同的需求和环境。

另外，ChatGPT 还具有出色的生成能力。它能够生成自然流畅的文本，包括文章、对话、摘要等。这使得它在内容创作、文案撰写、自动回复等方面具有很大的潜力。无论是创作故事、撰写新闻稿还是提供个性化的回复，ChatGPT 都能够提供有质量的文本输出。

ChatGPT 的应用领域非常广泛。在客户服务方面，它可以作为智能客服自动回答常见问题，提高客户满意度和效率。在教育领域，ChatGPT 可以作为学习助手回答学生的问题，提供学习资源和指导。在娱乐领域，它可以用于生成虚拟角色的对话，提供更加丰富的互动体验。

然而，需要注意的是，ChatGPT 也存在一些局限性。它的回答仍然是基于训练数据和模型算法生成的，可能存在一定的误差和不准确性。在一些复杂问题和专业领域方面，可能需要人类专家的进一步解释和确认。

你可以把 ChatGPT 当成一个快速查资料的工具，例如，如果你想了解北京故宫的历史，就可以输入图 8-3 所示的问题，它会给你一个明确的答案。

您

帮我介绍一下北京故宫的历史

ChatGPT

北京故宫，也称为紫禁城，是中国明朝和清朝两代皇帝的皇家宫殿，位于今天的北京市中心。它的建造始于明朝永乐帝朱棣的命令，工程始于1406年，并于1420年基本完成，是当时世界上最大的宫殿复合体。

故宫不仅是中国封建社会的政治中心，也是文化和礼仪的中心，历经了近五个世纪的历史，直到1912年清朝末代皇帝溥仪退位。故宫的建筑群由约980座建筑物组成，覆盖超过720,000平方米的面积，设计精妙，展现了中国古代建筑和艺术的卓越成就。

整个故宫按照中国传统的宇宙观和风水学说精心规划，严格遵循北高南低的布局，体现了皇权的至高无上。故宫的中轴线也是北京古城的中轴线，从南门午门直至北门神武门，凸显了皇帝“天子”的地位。

图 8-3

ChatGPT 还有自动生成文案的功能，输入明确的主题以及字数，它就能生成图 8-4 所示的答案。

您

帮我生成一个“新手怎么写出吸睛的文案”的文案，100字左右

ChatGPT

想要写出吸引眼球的文案，即使是新手也能轻松掌握！首先，精确定义你的目标受众，了解他们的需求和兴趣点。其次，采用引人入胜的开头，比如一个令人好奇的问题或惊人的事实，立刻抓住读者的注意力。再者，保持内容简洁明了，直截了当地传递你的信息。最后，别忘了强烈的行动号召，鼓励读者采取行动。遵循这些步骤，让你的文案脱颖而出！

图 8-4

如果觉得 ChatGPT 初步生成的内容达不到满意效果，还可以进行拓展，如图 8-5 所示。

帮我把这个内容拓展到200字

ChatGPT

想要写出吸引眼球的文案，即使是文案写作的新手也能迅速掌握必要的技巧！首先，你需要明确你的目标受众。通过深入了解他们的兴趣、需求和行为模式，你可以精准定位你的文案，确保它能够引起共鸣。接下来，用一个引人入胜的开头来开篇，比如一个挑战性的问题、一个惊人的统计数据或一句扣人心弦的引语，这些都是抓住读者注意力的有效方法。

此外，保持你的文案简洁而富有力度。避免冗长和复杂的句子，每个词都应该有其目的和作用，直接传达核心信息。清晰、简洁的文案更容易被读者理解和记住。

最后，加入一个强烈的行动号召。不仅要告诉读者你的产品或服务有多好，还要清楚地指示他们下一步该做什么。这可能是访问网站、注册活动或购买产品。一个明确的行动指南可以显著提高转化率。

图 8-5

当然，Chat GPT 不仅仅可以生成文案，还有更多其他的功能，例如，根据数据生成思维导图，甚至直接生成海报等。

8.2.3 文心一言

文心一言是一款强大的语言模型，具有多种令人印象深刻的功能和优势。首先，它拥有广泛的知识储备，能够回答各种问题，包括历史、科学、技术等领域。无论你是在寻求具体信息还是希望深入

了解某个主题，文心一言都能提供准确和详细的答案。

其次，文心一言具备自然语言处理能力，能够理解和生成人类的语言。这使得它在对话和交流方面表现出色，能够与用户进行流畅而有意义的对话。它可以理解用户的问题，并以清晰、易懂的方式回答，提供个性化的服务和支持。

文心一言还具有强大的文本生成能力。它可以根据给定的主题或提示，创作出高质量的文章、故事、诗歌等文本内容。无论是写作创意、文案创作还是文学创作，文心一言都能提供灵感和帮助，为用户节省时间和精力。

文心一言的优势还体现在其快速和高效的响应能力上。无论何时用户提出问题，它都能够迅速给出回答，提供即时的信息和解决方案。这对于需要快速获取知识或解决问题的场景非常有用，能够提高工作效率和节省时间。

另外，文心一言可以进行多语言交流，不仅支持中文，还能够理解和生成其他语言的文本。这使得它在国际交流和跨文化沟通中具有重要的应用价值，为用户提供了更广泛的使用场景。

而且，文心一言具有可定制性和扩展性。它可以根据用户的需求和特定领域的知识进行定制和训练，以更好地满足不同行业和应用场景的需求。这使得它能够适应各种特定领域的需求，提供更加专业和精准的服务。

最后，文心一言的安全性和可靠性也是其优势。它经过严格的测试和验证，保证了数据的隐私和安全。用户可以放心地使用它来获取信息和解决问题，而无须担心数据泄露或其他安全问题。

给它一个明确的指令，它就能帮你快速生成文章，大大节约你的时间，如图 8-6 所示。

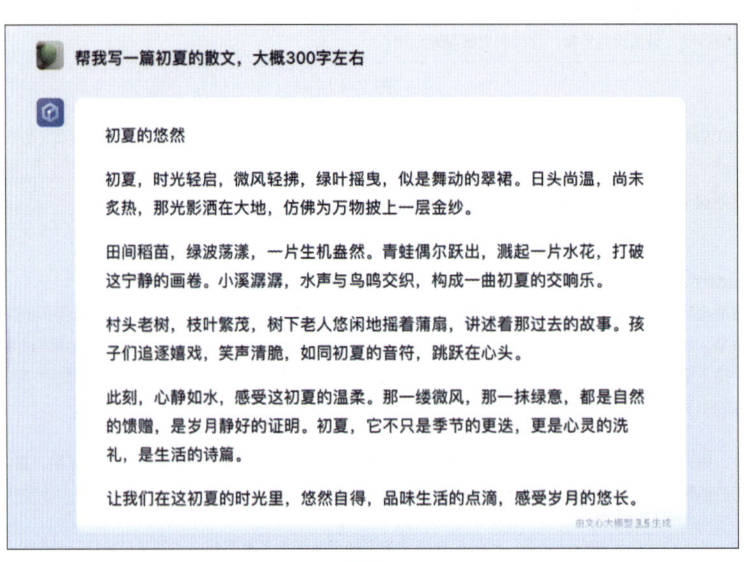

图 8-6

8.2.4 豆包

豆包是一款功能强大的工具，它的使用方法简单而多样化，效果显著。首先，使用豆包非常简便。用户只需在输入框中输入问题、请求或指令，豆包就会迅速响应并提供相关的答案、建议或解决方案。

它可以帮助用户快速获取信息、解决问题，提高工作效率。无论是在学习、工作还是生活中，豆包都能提供广泛的知识和实用的建议。

在学习过程中，豆包可以解答学科问题、提供学习资料和学习方法；在工作中，它可以协助完成任务、提供创意和灵感；在生活中，它可以提供各种实用的信息，如健康养生、旅游攻略等，如图 8-7 所示。

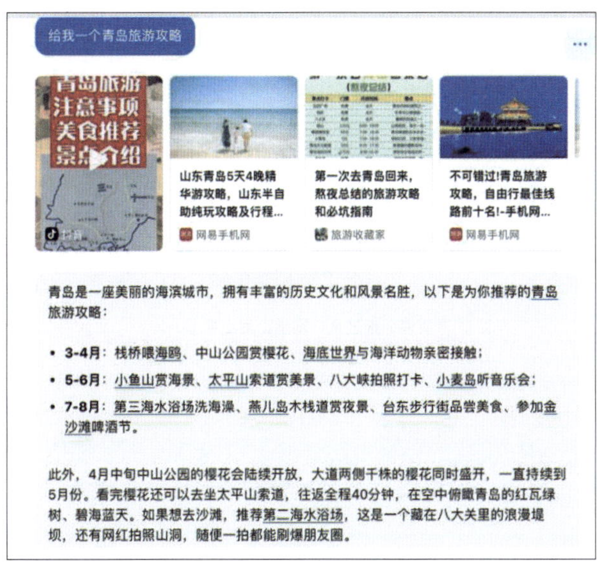

图 8-7

此外，豆包还具有智能推荐的功能。它可以根据用户的历史记录和偏好，为用户提供个性化的推荐和建议。这使得用户能够更快速地找到自己感兴趣的内容和解决方案，提高了使用效率和用户满意度。

豆包的效果还体现在它的准确性和可靠性上。它经过大量的数据训练和优化，能够提供准确和可信的答案和建议。这对于需要准确信息的场景非常重要，如科学研究、商务决策等。

另外，豆包的使用效果还可以通过与其他工具和平台的集成来进一步增强。它可以与搜索引擎、知识库、办公软件等结合，提供更全面和深入的服务和支持，如图 8-8 所示。

图 8-8

整体而言，豆包的使用方法简单方便、效果显著。它可以帮助用户快速获取信息、解决问题、提高效率，并且具有智能推荐、准确性和可靠性等优势。

无论是在学习、工作还是生活中，豆包都可以成为用户的得力助手，为他们提供有价值的帮助和支持。

8.2.5 Kimi

Kimi 是一款智能文本助手，有网页版、APP 和微信小程序，优点也十分显著，如图 8-9 所示。

图 8-9

高度智能化：能够根据用户的习惯和偏好进行智能推荐，提升使用效率，还提供个性化设置选项，允许用户定制软件，以符合个人使用习惯。

强大的长文本处理能力：可一次性处理 200 万字的文本信息。

服务稳定性高：Kimi 的服务在境内，使用稳定。

多客户端支持：支持网页、APP、小程序等多个客户端，提高了用户的使用便捷性。

中文处理能力强：Kimi 在中文处理方面表现出色，这可能是因为其针对中文环境进行了优化。

实时联网搜索：能够实时联网搜索，与工作流结合紧密，提高工作效率，如图 8-10 所示。

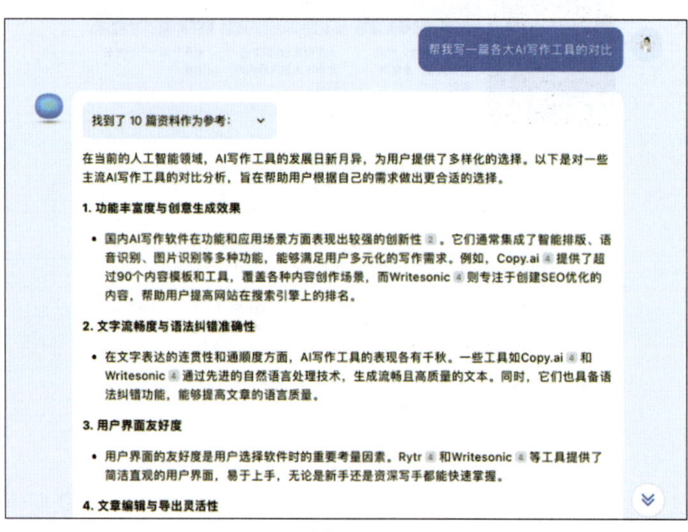

图 8-10

AI 工具的产生着实提高了我们写作的效率，让写作成为了更简单的事情。它们不仅为我们提供了丰富的素材和灵感，还能辅助我们构思和组织文章结构。在它们的帮助下，我们可以更加专注于表达自己的思想和观点，无须在烦琐的细节上花费过多时间和精力。然而，我们也要明确，AI 工具只是辅助，真正的创作核心仍在于我们自身的思考和创造力。我们需合理利用这些工具，不断提升自己的写作能力，让文字更好地传递我们的情感与智慧，为这个世界带来更多精彩的作品。

8.3 AI 的几大运用方法

目前 AI 在写作方面的用途非常广泛，基本能满足大部分人的使用需求。以豆包为例，它就包含了几十项功能，如图 8-11 所示。

图 8-11

8.3.1 查资料

查资料是 AI 的一个隐藏功能，也是很多人最容易忽略的。

例如你想要了解关于西湖的诗句，就可以完全用 AI 来解决，如图 8-12 所示。

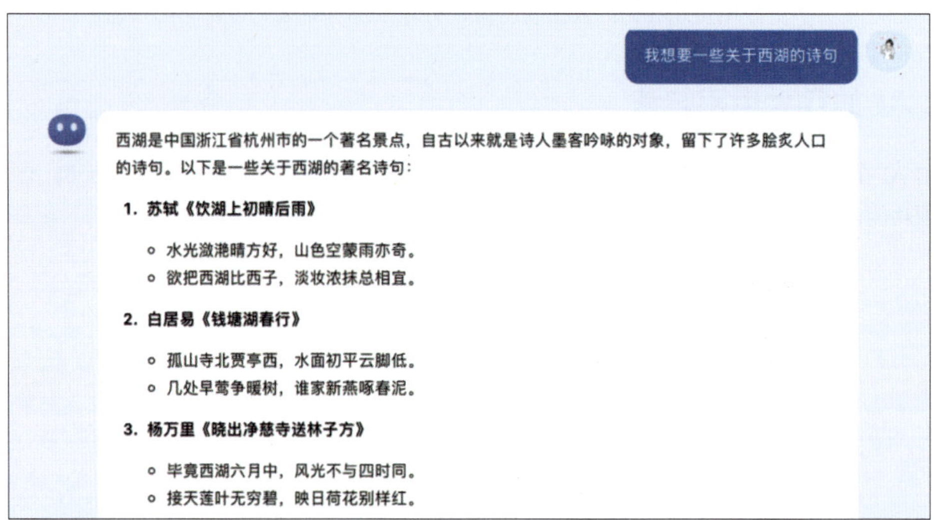

图 8-12

通过此功能，我们可以节省大部分手动查资料的时间。如果对这些诗句不满意，还可以继续让它生成或者修改，如图 8-13 所示。

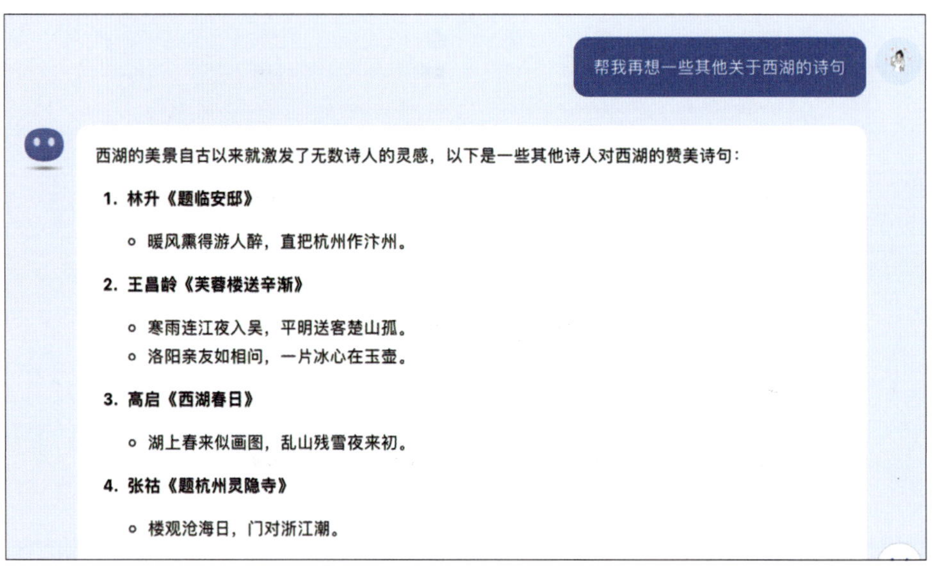

图 8-13

8.3.2 润色

如果你今天写了一个句子，但是对句子不是很满意，可以使用 AI 的润色功能。

例如，输入，“今天，路上人烟稀少，似乎要发生什么大事，帮我润色一下，添加一些景色描写”，如图 8-14 所示。

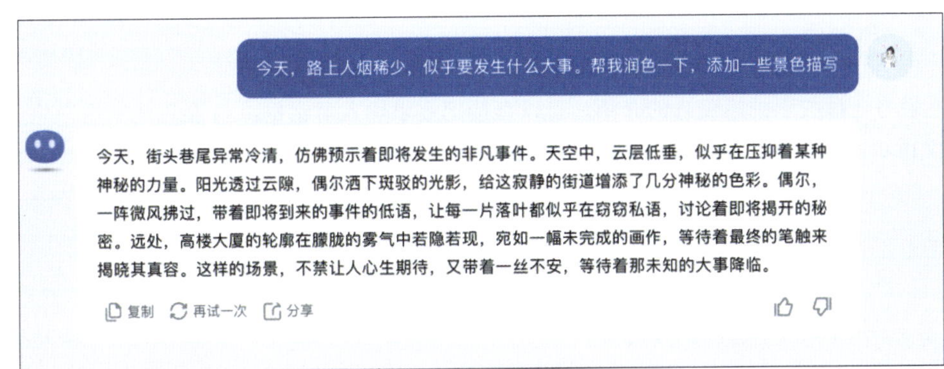

图 8-14

经过 AI 润色之后，整个段落层次更加鲜明，并且更抓人眼球。

8.3.3 重点提炼

8.2 节介绍的 AI 工具中，KiMi 有一个独特的功能，就是分析链接，例如看到了一篇不错的文章，就可以让它直接出一篇分析报告。图 8-15 所示为链接里文章的标题。

图 8-15

将链接输入对话框中，KiMi 会立刻将整篇文章里面的重点提炼出来，如图 8-16 所示。

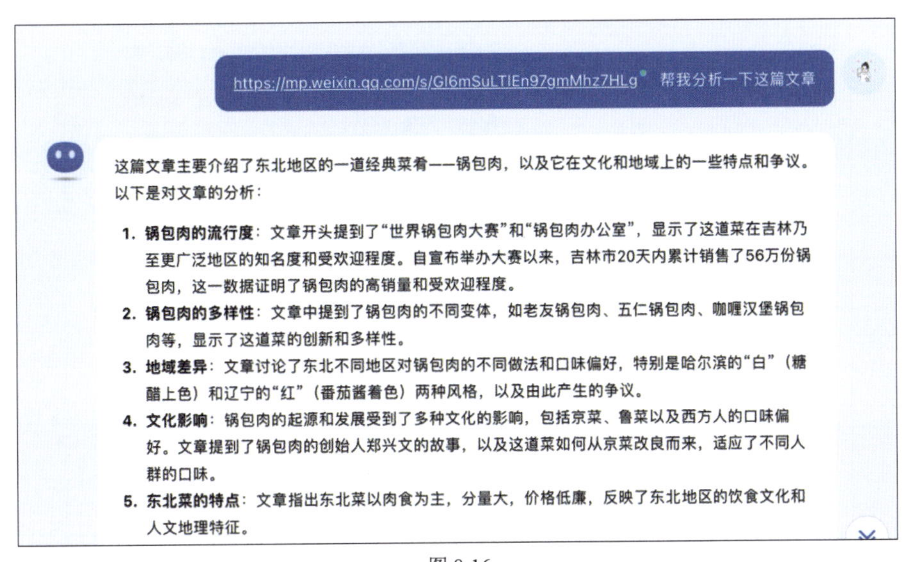

图 8-16

8.3.4 帮你写

如果想写一篇关于扬州美食的介绍，可以直接把需求输入对话框，AI 会迅速帮用户生成文案，如图 8-17 所示。

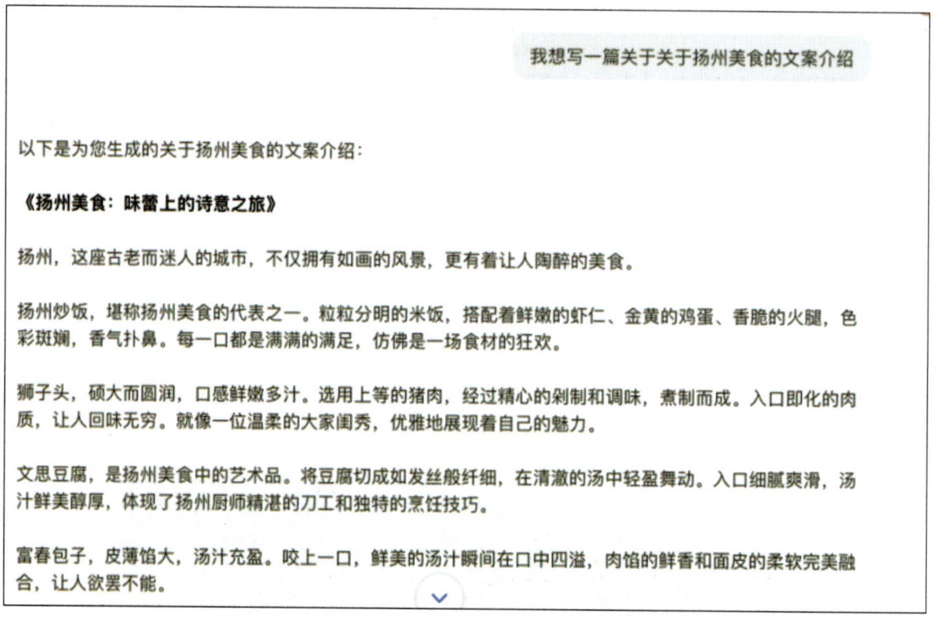

我想写一篇关于关于扬州美食的文案介绍

以下是为您生成的关于扬州美食的文案介绍：

《扬州美食：味蕾上的诗意之旅》

扬州，这座古老而迷人的城市，不仅拥有如画的风景，更有着让人陶醉的美食。

扬州炒饭，堪称扬州美食的代表之一。粒粒分明的米饭，搭配着鲜嫩的虾仁、金黄的鸡蛋、香脆的火腿，色彩斑斓，香气扑鼻。每一口都是满满的满足，仿佛是一场食材的狂欢。

狮子头，硕大而圆润，口感鲜嫩多汁。选用上等的猪肉，经过精心的剁制和调味，煮制而成。入口即化的肉质，让人回味无穷。就像一位温柔的大家闺秀，优雅地展现着自己的魅力。

文思豆腐，是扬州美食中的艺术品。将豆腐切成如发丝般纤细，在清澈的汤中轻盈舞动。入口细腻爽滑，汤汁鲜美醇厚，体现了扬州厨师精湛的刀工和独特的烹饪技巧。

富春包子，皮薄馅大，汤汁充盈。咬上一口，鲜美的汤汁瞬间在口中四溢，肉馅的鲜香和面皮的柔软完美融合，让人欲罢不能。

图 8-17

写文案只是一个基础功能，如果想写小说，但开头没有灵感，就可以让 AI 先帮你生成，这里需要给它明确的指令。如图 8-18 所示，按照我的指令，AI 已经直接帮我生成了一个小说的开头，如果不满意，还可以按照它下面的指令去修改。

续写也是一个很强大的功能，只要输入文字，就可以续写。可以给它一个明确的指令“帮我们续写一下，大概 300 字”。

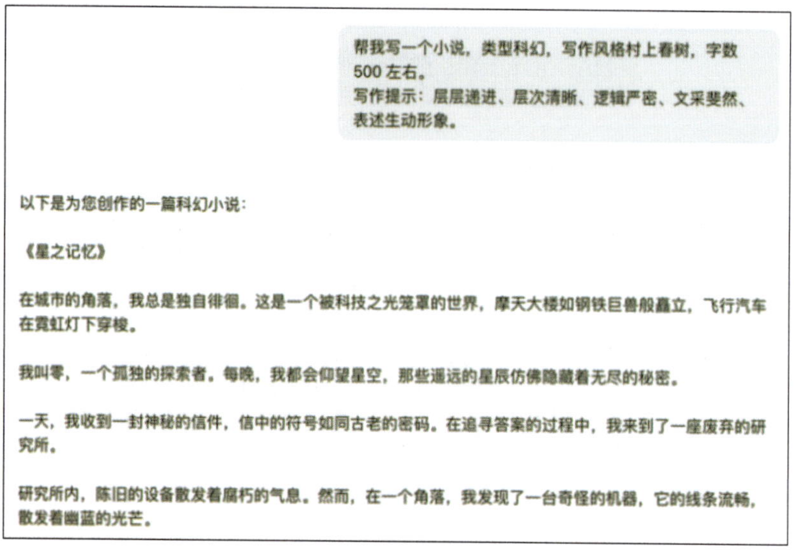

帮我写一个小说，类型科幻，写作风格村上春树，字数 500 左右。
写作提示：层层递进、层次清晰、逻辑严密、文采斐然、表述生动形象。

以下是为您创作的一篇科幻小说：

《星之记忆》

在城市的角落，我总是独自徘徊。这是一个被科技之光笼罩的世界，摩天大楼如钢铁巨兽般矗立，飞行汽车在霓虹灯下穿梭。

我叫零，一个孤独的探索者。每晚，我都会仰望星空，那些遥远的星辰仿佛隐藏着无尽的秘密。

一天，我收到一封神秘的信件，信中的符号如同古老的密码。在追寻答案的过程中，我来到了一座废弃的研究所。

研究所内，陈旧的设备散发着腐朽的气息。然而，在一个角落，我发现了一台奇怪的机器，它的线条流畅，散发着幽蓝的光芒。

图 8-18

研究所内，陈旧的设备散发着腐朽的气息。然而，在一个角落，我发现了一台奇怪的机器，它的线条流畅，散发着幽蓝的光芒。

当我触碰它的瞬间，一股强大的力量将我卷入了一个未知的空间。周围是绚烂的光芒和扭曲的时空，我仿佛置身于宇宙的混沌之中。

渐渐地，光芒消散，我来到了一个陌生的星球。这里的大地闪烁着奇异的光芒，生物的形态超乎想象。

我开始探索这个神秘的世界，每一步都充满了未知和危险。但我知道，这是命运的指引，我必须解开这背后的谜团，寻找回归的道路。

在这遥远的星球上，我与未知的力量展开了一场惊心动魄的较量，而我的故事，才刚刚开始……

复制 重新生成 …

在小说中加入一段关于星之记忆的传说 →

提供一些村上春树小说中的经典句子 →

村上春树的小说为什么受读者欢迎？ →

在这遥远的星球上，我与未知的力量展开了一场惊心动魄的较量，而我的故事，才刚刚开始……

帮我们续写一下，大概300字

以下是为您续写的 300 字左右的内容：

在这个神秘星球上，我遇到了一个自称“守护者”的奇异生物。它的身体由流动的光芒构成，声音仿佛来自遥远的星际。

守护者告诉我，这个星球曾是宇宙智慧的摇篮，但一场可怕的灾难使其陷入了沉寂。而我，被选中成为拯救它的关键。

我跟随守护者深入星球的核心，那里有一座古老的能量塔，塔身闪烁着神秘的符文。守护者说，只有激活这座塔，才能恢复星球的生机。

我用尽所学的知识，尝试解读符文的含义，不断调整着能量的输入。在一次次的失败与尝试中，我感到绝望几乎要将我吞噬。但每当我抬头望向星空，想起遥远的家乡，心中便涌起无尽的勇气。

图 8-18（续）

8.3.5 写文章

如果想写一篇关于小学生暑假如何学习的公众号文章，只需要输入需求，即可生成文案，如图 8-19 所示。

2. 坚持阅读

阅读是提高语文素养和知识储备的重要途径。在暑假里，鼓励孩子多读书、读好书。可以根据孩子的年龄和兴趣爱好选择适合的书籍，如童话故事、科普读物、经典文学作品等。每天坚持阅读一定的时间，不仅可以丰富孩子的想象力和创造力，还能提高孩子的阅读理解能力和写作水平。

3. 巩固基础知识

暑假是巩固基础知识的好时机。对于小学生来说，语文的字词、数学的计算、英语的单词等都是需要重点巩固的内容。你可以让孩子通过做练习题、听写、背诵等方式来加强对基础知识的掌握。同时，也可以针对孩子在学习中存在的薄弱环节进行有针对性的辅导。

4. 学习一门新技能

暑假时间充裕，不妨让孩子学习一门新技能，如绘画、书法、乐器、编程等。学习新技能可以培养孩子的兴趣爱好，提高孩子的综合素质。可以根据孩子的兴趣和特长选择适合的课程，让孩子在学习中体验到成就感和乐趣。

图 8-19

5. **参加社会实践活动**

社会实践活动是孩子们了解社会、增长见识的重要途径。可以让孩子参加一些志愿者活动、夏令营、参观博物馆等，让孩子在实践中学习，提高孩子的社会责任感和团队合作能力。

6. **保持良好的学习习惯**

良好的学习习惯对于孩子的学习至关重要。在暑假里，要让孩子保持良好的学习习惯，如按时完成作业、认真听讲、积极思考等。同时，也要注意培养孩子的自主学习能力，让孩子学会独立思考和解决问题。

总之，小学生暑假学习需要家长和孩子共同努力。通过制定合理的学习计划、坚持阅读、巩固基础知识、学习新技能、参加社会实践活动和保持良好的学习习惯等方式，让孩子在暑假中既能够放松身心，又能够学到知识，度过一个充实而有意义的假期。

最后，祝愿每一位小朋友都能在暑假中收获满满，快乐成长！

图 8-19（续）

8.3.6 写诗歌

输入指令“帮我写一首关于歌颂祖国的诗歌，格式是现代诗的格式”，如图 8-20 所示。

帮我写一首关于歌颂祖国的诗歌，格式是现代诗的格式。

《祖国，我的挚爱》

祖国，你是浩瀚宇宙中璀璨的星辰，
闪耀着永恒的光芒，照亮前行的路。
你是广袤大地上雄伟的巨人，
挺起不屈的脊梁，承载千年的梦。

你的山川，壮丽而秀美，
巍峨的山峰直插云霄，诉说着豪迈。
奔腾的江河一泻千里，奏响生命的乐章。
广袤的草原如绿色的海洋，荡漾着希望。

你的历史，悠久而厚重，
古老的文明源远流长，传承着智慧。
英雄的故事荡气回肠，激励着后人。
岁月的沧桑沉淀着力量，铸就辉煌。

祖国，你是我心中永远的依靠，
在你的怀抱里，我感受着温暖与安宁。
我愿用我的青春和热血，
为你的繁荣富强贡献力量。

我歌唱你的美丽，赞美你的伟大，
在每一个日出日落，我为你骄傲。
祖国，我的挚爱，愿你永远昌盛，
在时代的浪潮中，绽放更加绚烂的光彩。

图 8-20

8.3.7 活动策划方案

这里以写一个线下读书会的策划方案为例，输入指令“帮我写一个线下读书会，主题是如何高效阅读”，AI 会快速帮你生成方案，如图 8-21 所示。

帮我写一个线下读书会，主题是如何高效阅读。

《"高效阅读"线下读书会活动方案》

1. 活动主题
如何高效阅读

2. 活动目的
通过本次线下读书会，分享高效阅读的方法和技巧，激发参与者的阅读兴趣，提高阅读效率，培养良好的阅读习惯。

3. 活动时间
[具体活动时间]

4. 活动地点
[详细活动地址]

5. 参与人员
热爱阅读的各界人士

6. 活动流程

(1) 签到入场（提前 15 分钟开始签到）。

- 参与者在签到处签到，领取活动资料和姓名牌。
- 引导参与者就座，播放轻松的音乐，营造舒适的阅读氛围。

(2) 开场致辞（5 分钟）。

- 主持人介绍活动的主题、目的和流程，欢迎各位参与者的到来。

(3) 主题分享（30 分钟）。

- 邀请一位阅读专家或资深读者进行主题分享，介绍高效阅读的方法和技巧，如快速阅读、精读、主题阅读等；如何选择适合自己的书籍；如何做阅读笔记等。
- 分享过程中可以结合实例，让参与者更容易理解和掌握。

(4) 小组讨论（30 分钟）。

- 将参与者分成若干小组，每个小组围绕"如何在日常生活中实现高效阅读"进行讨论。
- 小组讨论结束后，每个小组推选一名代表进行发言，分享小组讨论的结果和心得。

(5) 互动环节（20 分钟）。

- 参与者可以就自己在阅读过程中遇到的问题向阅读专家或其他参与者提问，共同探讨解决方法。
- 进行一些与阅读相关的小游戏，如书籍接龙、猜书名等，增加活动的趣味性。

(6) 总结发言（10 分钟）。

- 主持人对本次活动进行总结，强调高效阅读的重要性和方法。
- 鼓励参与者在今后的生活中积极运用所学的阅读技巧，提高阅读效率。

(7) 自由交流与合影（15 分钟）。

- 参与者可以自由交流，分享自己的阅读心得和推荐的书籍。
- 全体参与者合影留念，为本次活动画上圆满的句号。

7. 活动准备

(1) 确定活动场地，提前进行场地布置，包括摆放桌椅、准备音响设备、悬挂活动横幅等。
(2) 邀请阅读专家或资深读者作为主题分享嘉宾。
(3) 准备活动资料，如高效阅读方法手册、阅读推荐书单等。
(4) 购买小礼品，用于互动环节的奖励。
(5) 安排专人负责活动的摄影和录像工作。

图 8-21

8.3.8 头脑风暴

头脑风暴在我们日常生活与工作中应用十分广泛，但是很多时候，个人的思维能力有限，想不出新的点子以及方法，这时就可以向 AI 提问，用户会从中得到新的灵感以及思路，如图 8-22 所示。

帮我就如何提高员工效率进行头脑风暴，不少于 5 个点子。

以下是一些提高员工效率的新点子：

1. **时间管理培训**

(1) 开展时间管理课程：邀请专业的时间管理讲师为员工进行培训，教授有效的时间管理技巧，如制定任务清单、设置优先级、合理分配时间等。通过培训，员工可以学会更好地规划自己的工作时间，提高工作效率。

(2) 提供时间管理工具：为员工提供一些时间管理工具，如时间管理软件、番茄工作法计时器等。这些工具可以帮助员工更好地掌握时间，提高工作效率。

2. **灵活工作安排**

(1) 弹性工作时间：允许员工在一定范围内自由选择工作时间，只要能够保证完成工作任务即可。这样可以让员工根据自己的生活节奏和工作习惯来安排工作，提高工作效率。

(2) 远程办公：对于一些适合远程办公的岗位，可以允许员工在家或其他地方办公。远程办公可以减少员工的通勤时间和压力，提高工作效率。

3. **健康与福利**

(1) 提供健身设施：在公司内部设置健身设施，如健身房、乒乓球桌等，鼓励员工在工作之余进行锻炼。身体健康的员工更有精力和动力投入工作，提高工作效率。

(2) 提供健康饮食：在公司食堂提供健康的饮食选择，如水果、蔬菜、低脂肪食品等。健康的饮食可以让员工保持良好的身体状态，提高工作效率。

4. **工作流程优化**

(1) 简化工作流程：对公司的工作流程进行全面梳理，去除不必要的环节和繁琐的手续，简化工作流程。这样可以让员工更加高效地完成工作任务，提高工作效率。

(2) 自动化工作流程：对于一些重复性、规律性的工作，可以采用自动化技术来完成，如使用自动化软件、机器人等。自动化工作流程可以减少员工的工作量，提高工作效率。

5. **鼓励创新**

(1) 设立创新奖励：设立创新奖励基金，对提出创新想法和改进建议的员工进行奖励。鼓励员工勇于创新，不断改进工作方法和流程，提高工作效率。

(2) 营造创新氛围：在公司内部营造创新氛围，鼓励员工分享创新想法和经验。可以通过举办创新大赛、创新研讨会等活动，激发员工的创新热情。

图 8-22

当然 AI 还可以辅助我们写出更多文字方面的内容，用好AI，会大大提高我们的工作效率。